国内外港口发展态势与政策研究

Study on Development Trends and Regulation Policies for Domestic and Global Ports

高爱颖　梁晓杰　徐　萍　编著

人民交通出版社股份有限公司
China Communications Press Co.,Ltd.

内 容 提 要

本书围绕新时期国外典型港口发展新态势和新政策，系统分析了伦敦港、鹿特丹港、汉堡港、安特卫普港、纽约—新泽西港、长滩港、洛杉矶港等国外典型港口发展趋势，总结探讨其发展规律和先进经验。本书还着重研究了新加坡、日本、韩国等周边国家和中国台湾、中国香港等典型港口的发展动态，并分析其对我国港口发展的影响，同时结合我国港口发展现状及发展特征等对我国港口发展进行客观评价，提出了新时期我国港口发展的政策建议。

本书仅供研究人员参考。

图书在版编目(CIP)数据

国内外港口发展态势与政策研究 / 高爱颖，梁晓杰，徐萍编著 . —北京：人民交通出版社股份有限公司，2017.3

ISBN 978-7-114-12498-3

Ⅰ.①国… Ⅱ.①高… ②梁… ③徐… Ⅲ.①港口-物流-研究-世界 Ⅳ.①U695.2

中国版本图书馆 CIP 数据核字(2017)第 035291 号

书　　名：国内外港口发展态势与政策研究
著 作 者：高爱颖　梁晓杰　徐　萍
责任编辑：刘永芬
出版发行：人民交通出版社股份有限公司
地　　址：(100011)北京市朝阳区安定门外外馆斜街 3 号
网　　址：http://www.ccpress.com.cn
销售电话：(010)59757973
总 经 销：人民交通出版社股份有限公司发行部
经　　销：各地新华书店
印　　刷：北京市密东印刷有限公司
开　　本：720×960　1/16
印　　张：7.25
字　　数：129 千
版　　次：2017 年 3 月第 1 版
印　　次：2017 年 3 月第 1 次印刷
书　　号：ISBN 978-7-114-12498-3
定　　价：40.00 元

《国内外港口发展态势与政策研究》编写指导委员会

编写委员会

前　言

改革开放30多年来，我国港口发生了翻天覆地的跨越式变化，已基本形成布局合理、层次分明、功能齐全、内外开放的港口体系。港口建设规模不断扩大、港口吞吐量持续增长、质量效率进一步提高、国际竞争力不断增强。然而，我国港口在发展过程中出现了"重规模轻结构、服务功能不健全、区域港口间缺乏统筹协调、港城矛盾日益突出"等一些新问题，在一定程度上影响和制约了我国港口的持续健康发展。同时，随着船舶大型化的发展以及国际航运中心逐步向亚洲转移的新趋势，国际枢纽港之间的竞争日益激烈，全球港口功能格局正在发生新的变化，这必将影响我国港口尤其是沿海港口的未来发展和规划布局。另外，我国"一带一路""长江经济带"国家战略不断推进实施，我国企业大胆"走出去"，为港口发展带来更大机遇。新时期新形势下，及时开展国外港口发展态势与影响研究，充分了解国外典型港口的新特点、新趋势、新挑战和新要求，并结合我国港口发展实际，找出行之有效的解决思路，促进我国港口的国际竞争力和影响力的提升，是推进我国港口合理布局、科学发展的一项非常迫切和重要的工作。

本书在充分借鉴和继承相关研究成果基础上，重点剖析欧美7个典型港口发展的新态势和新政策，着重研究了新加坡、日本、韩国等我国周边国家和中国台湾、中国香港等典型港口的发展动态，分析其对我国港口发展的影响，并力求提出对我国港口发展的科学合理的政策建议。全书经过综合分析和系统研究编纂而成，希望能为新时期我国港口持续健康发展和相关管理及研究人员提供有益借鉴和参考。

该研究的重要意义体现在四个方面：一是为全国沿海港口布局规划修编和"十三五"沿海港口发展规划编制做好前期基础研究工作；二是为交通运输部重大科技专项"西部港口物流枢纽发展模式研究"提供丰富技术资料支撑；三是准确研判我国港口发展面临的新问题，以更好把握港口未来发展方向；四是为全面了解我国港口面临的竞争态势并找到应对策略提供思路等。

本研究得到了交通运输部综合规划司和交通运输部科学研究院相关领导的指导和支持，得到了交通运输行业尤其是港航管理领域的专家学者和广大同仁的点拨和鼓励，借助了专家和学者的智慧，并参考了许多专家学者的最新研究成果，在此一并表示最衷心的感谢。同时特别感谢罗凯、马博、刘雅文、余静、闫磊、张亚等同志所做的大量基础研究工作。

由于本书涉及国外港口内容较多,编写时间短促,未尽之意颇多,纰漏之处在所难免,诚望各位领导、各界专家和广大读者批评指正。

编　者

2016 年 10 月

于北京

目　　录

第 1 章　概述 …… 1

1.1　研究背景及目的 …… 1

1.2　研究技术路线 …… 3

1.3　主要结论 …… 5

第 2 章　国外典型港口发展态势和经验借鉴 …… 8

2.1　国外典型港口发展现状及趋势分析 …… 8

2.2　国外典型港口发展经验借鉴 …… 28

第 3 章　周边典型港口发展动态及对我国港口发展的影响分析 …… 40

3.1　周边国家和地区典型港口发展动态 …… 40

3.2　对我国港口发展的影响分析 …… 71

第 4 章　我国港口发展的总体评价 …… 74

4.1　我国港口发展现状评价 …… 74

4.2　我国港口对经济社会和交通发展的重要作用 …… 86

4.3　我国港口发展阶段性特征分析 …… 93

4.4　我国港口发展存在的主要问题 …… 95

第 5 章　新时期我国港口发展和规划的政策建议 …… 98

5.1　总体发展思路 …… 98

5.2　2020 年前,我国港口发展的核心任务 …… 98

5.3　激烈竞争环境下我国港口发展的对策建议 …… 104

参考文献 …… 105

第1章 概 述

1.1 研究背景及目的

改革开放30多年来,我国经济保持持续快速增长态势,GDP总量、工农业产品产量、货物进出口额、利用外资等经济指标总量规模不断扩大,对国际经济的影响明显增强,成为推动世界经济发展的重要力量。2014年,我国GDP总量达63.61万亿元,首次突破10万美元大关,继续稳居世界第二位。国民经济特别是外向型经济持续快速增长,为我国港口发展提供了强有力的动力,促使我国港口建设规模不断扩大、港口吞吐量持续增长、质量效率进一步提高、国际竞争力不断增强。

我国港口发生了翻天覆地的跨越式变化,港口货物吞吐量持续增长,2015年完成货物吞吐量达127.50亿t,比上年增长2.4%,其中,沿海港口完成81.47亿t,内河港口完成46.03亿t,分别比上年增长1.4%和4.2%;完成集装箱吞吐量2.12亿TEU,比上年增长4.5%,其中,沿海港口完成1.89亿TEU,内河港口完成2249万TEU,比上年分别增长4.0%和8.9%。货物吞吐量超过亿吨的沿海港口有17个,集装箱吞吐量超过1000万TEU的港口有7个,上海港集装箱吞吐量连续6年稳居全球第一位。迄今,我国大陆港口货物吞吐量、集装箱吞吐量已连续14年位居世界第一。我国已基本形成布局合理、层次分明、功能齐全、内外开放的港口体系,其中沿海港口集装箱码头的软硬件设施已处于世界一流水平,基础设施建设不断向专业化、大型化发展,港口装卸技术和效率亦走在了世界前列。在服务功能方面,我国港口特别是上海港、深圳港、天津港等沿海港口在传统的装卸、转运业务基础上,向仓储、包装、加工、配送、信息服务等高附加值综合物流服务延伸,港口服务功能得到不断拓展和提高。

当前阶段,我国港口在发展过程中出现了一些新问题,在一定程度上影响和制约了我国港口持续健康发展。比如,一些港口重视基础设施建设规模而忽视结构优化;一些港口集疏运体系不完善造成运输瓶颈日益突出;许多港口提供的服务仍停留在传统货物运输和装卸层面,物流供应链服务、商贸服务等功能还未得到充分发展;不少港口较多地关心局部资源的开发利用,而缺乏考虑与其他港口的合作、协调发展;港口建设与发展对城市交通、环境等方面的影响日益突出,亟须从发展和规划等方面协调港口与城市之间的相互关系;新时期新形势下,港口面临着更加安全、高效、节能、环保等可持续发展的新要求。

与此同时,随着船舶大型化的发展,全球港口功能格局正在不断发生变化,几个超大型港口的国际枢纽地位越来越突出。目前,国际航运中心正逐步向亚洲转移,东亚及东南亚地区分布着如上海港、新加坡港、深圳港、香港港、釜山港、宁波—舟山港、青岛港、广州港、天津港等多个超级大港。全球集装箱前十大港口中有9个港口集中在东亚及东南亚地区,国际枢纽港之间的竞争日益激烈。随着未来港口吞吐量的继续攀升,东亚及东南亚地区的部分枢纽港在现有通过能力下,将可能出现超负荷运转状况。以釜山为代表的港口2010年开始对港口进行扩建;新加坡、高雄2012年等也加入到枢纽港扩建行列,通过疏浚航道、加深前沿水深、拓展新的土地建设码头等提升港口的通过能力。另外,随着欧美地区的制造业向劳动力资源成本较低的东南亚转移,亚洲地区港口的发展格局也在悄然改变,这必将影响未来中国港口尤其沿海港口的发展和规划布局。

在新的形势下,如何在实现港口较快发展的同时,既能缓解和解决港口发展与经济社会、城市发展之间的矛盾,又能进一步提升港口的国际核心竞争能力是关乎我国港口持续健康发展的首要问题。因此,及时开展国内外港口发展态势与政策研究,了解国外港口尤其周边港口发展的新动态,结合我国港口发展实际,找到行之有效的解决办法,以进一步提升我国港口整体竞争力,有效应对国际枢纽港之间激烈的竞争,是新时期推进我国港口合理布局、科学发展的一项非常迫切和重要的工作。其重要意义主要体现在以下三个方面:

1)为全国沿海港口布局规划修编和"十三五"沿海港口发展规划编制做好前期基础研究工作

2006年,中华人民共和国交通部发布了《全国沿海港口布局规划》。此后我国沿海港口建设与发展进入新的阶段。近年来,全球经济的进一步融合、国家三大战略的实施以及我国大部制改革的推进等新形势,对我国港口的发展提出了更多新的要求;另外,我国港口在发展过程中也遇到一些新问题,《全国沿海港口布局规划》修编工作已经提到议事日程,以指导新时期我国沿海港口的健康持续发展。本研究是修编《全国沿海港口布局规划》的前期基础,并为"十三五"沿海港口发展规划编制做好前期准备,具有重要理论价值和实践意义。

2)有利于准确研判我国港口发展面临的新问题,更好地把握新时期港口的发

展方向

我国交通运输主管部门一向重视学习国外先进经验和技术，要求深化对世界交通发展规律和经验的研究和认识，善于学习和借鉴世界各国交通发展的成功经验和深刻教训。发达国家的一些典型港口如洛杉矶港、鹿特丹港、汉堡港、釜山港和东京港等都已得到较为充分的发展，在规划、建设和发展上将重点放在提升港口安保设施能力、提高集疏运效率、完善服务功能、减少港口发展的负外部性等方面。这与我国港口发展目前面临的现实矛盾和问题有些类似，对我国政府及交通运输行业主管部门解决当前存在的问题有很好的借鉴意义，为完善我国港口规划、促进我国港口的建设和发展提供有力支撑。另外，充分了解国外典型港口的新特点、新趋势、新挑战和新要求，有利于交通运输主管部门准确把握我国港口的发展方向，对新时期我国港口的发展和规划有着重要的参考价值。

3)有利于全面了解我国港口面临的竞争态势并找到应对策略

未来，我国港口在东北亚港口乃至世界港口建设格局中应发挥哪些作用，值得关注和重视。继我国多个沿海城市表示要大力兴建港口之后，作为世界前列的集装箱港口，韩国釜山港正考虑新的规划和建设。为了应对区域竞争，日本政府设立了专门委员会，以选择一部分港口进行投资，特别是对日本东京湾内港口群进行整合，以提升这些港口的竞争能力。新加坡港作为世界三大炼油中心之一，世界三大石油贸易枢纽之一，亚洲石油产品定价中心，亚洲最大的集装箱转口港，凭借其石油运输、仓储、炼油等方面的优势，正在进一步加强在石油贸易中的中枢地位。而随着中国台湾与大陆两岸间海上直航的开展，区域内港口竞争态势也发生了新的变化。对于这些新情况，需要客观分析利弊，吸纳国外典型港口可借鉴的好的经验，研究制定我国港口发展规划和政策措施，促进我国港口持续健康发展。

1.2 研究技术路线

按照“文献收集、资料学习→实地考察、开展调研→资料分析、研究提炼→专家咨询、总结归纳→征求意见、修改完善”的工作流程，采取实证研究和理论研究相结合的方法，稳步推进研究工作。在前期工作中全面系统地开展国内外研究文献综述工作，结合实际研究工作进行深入地实地调研，充分借鉴和继承相关研究成果，借助专家和学者的智慧，提出我国港口发展和规划的科学合理的政策建议。研究技术路线如图 1-1 所示。

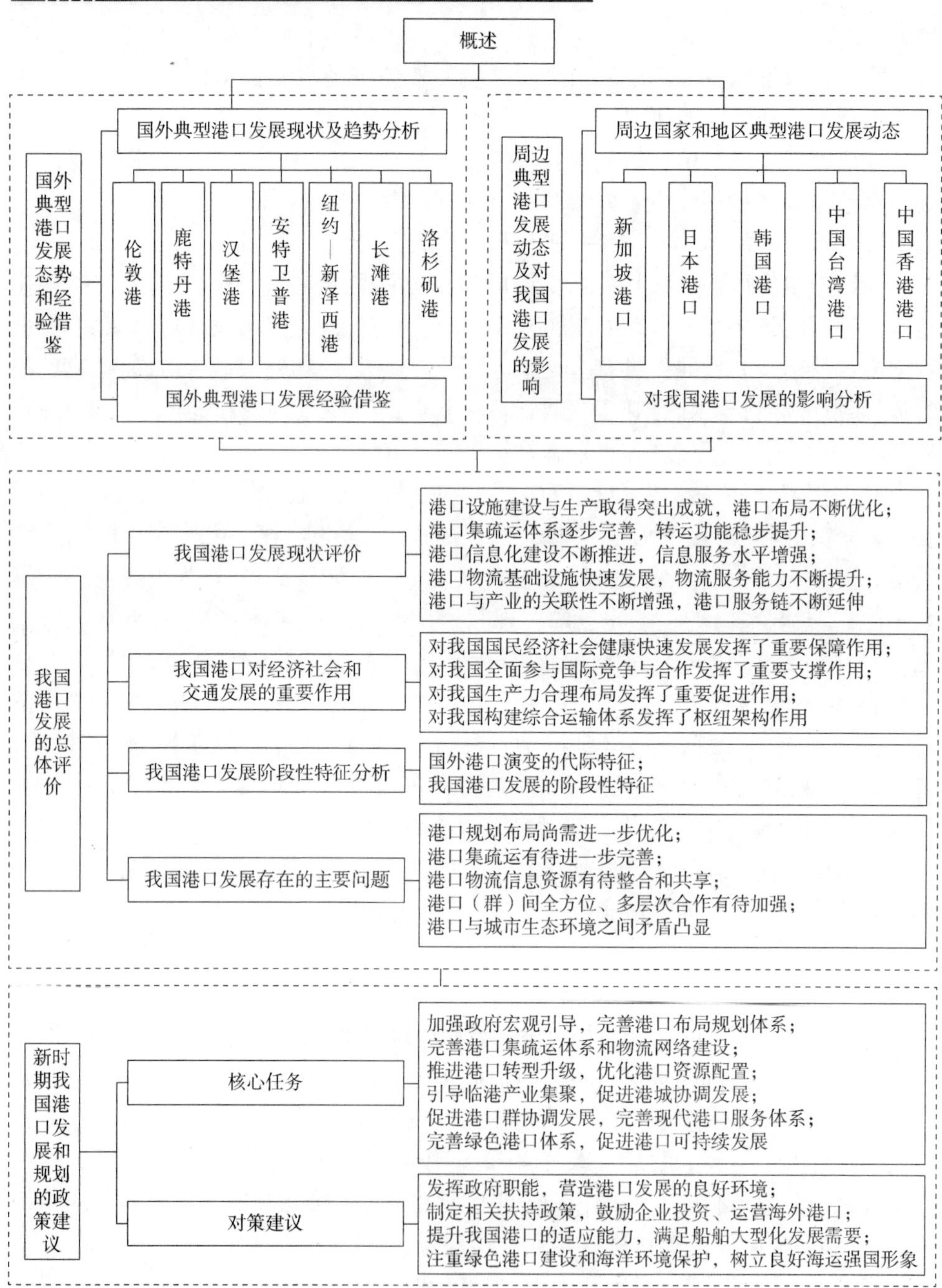
概述
国外典型港口发展态势和经验借鉴
国外典型港口发展现状及趋势分析
伦敦港
鹿特丹港
汉堡港
安特卫普港
纽约—新泽西港
长滩港
洛杉矶港
国外典型港口发展经验借鉴
周边典型港口发展动态及对我国港口发展的影响
周边国家和地区典型港口发展动态
新加坡港口
日本港口
韩国港口
中国台湾港口
中国香港港口
对我国港口发展的影响分析
我国港口发展的总体评价
我国港口发展现状评价
港口设施建设与生产取得突出成就，港口布局不断优化；
港口集疏运体系逐步完善，转运功能稳步提升；
港口信息化建设不断推进，信息服务水平增强；
港口物流基础设施快速发展，物流服务能力不断提升；
港口与产业的关联性不断增强，港口服务链不断延伸
我国港口对经济社会和交通发展的重要作用
对我国国民经济社会健康快速发展发挥了重要保障作用；
对我国全面参与国际竞争与合作发挥了重要支撑作用；
对我国生产力合理布局发挥了重要促进作用；
对我国构建综合运输体系发挥了枢纽架构作用
我国港口发展阶段性特征分析
国外港口演变的代际特征；
我国港口发展的阶段性特征
我国港口发展存在的主要问题
港口规划布局尚需进一步优化；
港口集疏运有待进一步完善；
港口物流信息资源有待整合和共享；
港口（群）间全方位、多层次合作有待加强；
港口与城市生态环境之间矛盾凸显
新时期我国港口发展和规划的政策建议
核心任务
加强政府宏观引导，完善港口布局规划体系；
完善港口集疏运体系和物流网络建设；
推进港口转型升级，优化港口资源配置；
引导临港产业集聚，促进港城协调发展；
促进港口群协调发展，完善现代港口服务体系；
完善绿色港口体系，促进港口可持续发展
对策建议
发挥政府职能，营造港口发展的良好环境；
制定相关扶持政策，鼓励企业投资、运营海外港口；
提升我国港口的适应能力，满足船舶大型化发展需要；
注重绿色港口建设和海洋环境保护，树立良好海运强国形象

图 1-1　研究技术路线图

1.3 主要结论

在借鉴国内外典型港口先进发展经验的基础上,结合我国港口发展现状及发展特征,深入研究国外港口对我国港口发展和规划的影响,得出以下主要结论:

1)国外先进港口发展经验借鉴

20世纪80~90年代,欧美港口给我国的启示和经验是全方位的,包括规划、建设、技术和管理。但由于我国港口发展的阶段性特征,即港口供给能力不足导致的压港、压船问题突出,存在缺资金、少技术、弱管理等问题。我国主要通过考察和借鉴国外典型港口的发展历程,了解其体制、机制、资金来源等情况,在此基础上把港口的发展分为基础设施建设和上层建筑建设,采取了推进市场开放、积极引进外资等发展措施。在这一阶段,我国更关注国外建设的码头类型、规模及其水工结构、装卸设备等。

现阶段我国港口借鉴国外典型港口发展先进经验的思路有别于20世纪80~90年代。这需要从两个视角分析:一是从经济全球化视角,既要促进我国港口发展,也要满足世界港口发展需要;二是解决港口发展过程中存在的问题,不断调整和完善,既要解决新时期出现的新问题,又要适应港口发展要求,满足港口发展需求。我国正在由港口大国向港口强国转变,这是目前及未来一段时期我国港口发展最重要的阶段性特征。我们应研究欧美港口成为强港的主要标志和做法,比如其在港口功能、港口效率、港口服务与港口效益等方面的发展经验。

2)周边相邻港口对我国港口的影响

新加坡、日本、韩国及中国台湾等周边典型港口发展对我国港口发展产生了最直接的影响,区域范围内各港口之间激烈的竞争和多元化合作态势日趋明显,中小型港口成长快速。这主要体现在以下几个方面:

(1)中日韩自贸区的成立为我国港口健康发展创造了有利的贸易环境条件。

(2)港口(群)间激烈的竞合态势促使我国港口必须开展深度合作和加强国际广泛合作。

(3)第三次工业革命进程的推进加剧了我国与周边港口之间的竞争。

(4)船舶大型化趋势促使我国港口加快调整和提升港口综合能力。

3)我国港口发展成就及现状评价

改革开放以来,我国港口实现了跨越式发展。我国将由港口大国向港口强国转变,这是当前及未来一段时期我国港口发展的重要阶段性特征。

(1)我国港口基础设施建设与生产取得了突出成就,港口布局正在不断优化。

(2)港口集疏运体系逐步完善,转运功能稳步提升。

(3)港口信息化建设不断推进,信息服务水平大大增强。港口物流基础设施快速发展,物流服务能力不断提升。

(4)港口与产业的关联性不断增强,港口进入向高层次物流枢纽转型升级的新发展阶段。

4)我国港口发展存在的主要问题

与世界先进港口相比,我国港口在发展过程中还存在一些问题。

(1)港口规划布局尚需进一步优化。

(2)港口集疏运体系有待进一步完善。

(3)港口物流信息资源有待整合和共享。

(4)港口(群)间全方位、多层次合作有待加强。

(5)港口与城市生态环境之间矛盾凸显。这些问题与我国经济转型发展要求不相适应,与港口转型升级发展不相适应,影响港口的可持续发展。

我国港口面临的这些问题是发展中的问题,需要通过发展来解决。

5)我国港口对经济社会和交通发展的重要作用

我国港口对经济社会和交通发展起着重要的支撑作用,主要体现在:

(1)对我国国民经济社会健康快速发展发挥了重要保障作用。

(2)对我国全面参与国际竞争与合作发挥了重要支撑作用。

(3)对我国生产力合理布局发挥了重要促进作用。

(4)对我国构建综合运输体系发挥了枢纽架构作用。

6)新时期我国港口布局规划的政策建议

(1)总体发展思路。新时期,我国港口的发展与规划需坚持"创新、协调、绿色、开放、共享"的发展理念,依托"一带一路"和海上互联互通的国家战略,积极借鉴和总结国外典型港口的先进经验和发展理念,充分考虑我国港口的优势作用和阶段性特征,加快拓展我国港口物流服务功能,提升港口国际竞争力等;同时,鼓励有条件的港口大胆走出去,进一步拓展港口国际合作和发展空间,努力构建陆海统筹、国际互通合作、绿色环保、健康有序的港口发展格局,有效促进我国经济持续健康发展。

(2)2020年前,我国港口发展的核心任务。

①加强政府宏观引导,完善港口布局规划体系。

②加强港口集疏运体系和物流网络建设。

③推进港口转型升级,优化港口资源配置。

④引导临港产业集聚,促进港城协调发展。

⑤推动港口群协调发展,完善现代港口服务体系。

⑥促进港口可持续发展。

(3)激烈竞争环境下我国港口发展的政策建议。

①发挥政府职能,营造港口发展的良好环境。

②制定相关扶持政策,鼓励企业投资、运营海外港口。

③提升我国港口的适应能力,适应船舶大型化趋势。

④注重绿色港口建设和海洋环境保护,树立良好海运强国形象。

第 2 章　国外典型港口发展态势和经验借鉴

2.1　国外典型港口发展现状及趋势分析

选择伦敦港、鹿特丹港、汉堡港、安特卫普港、纽约—新泽西港、长滩港、洛杉矶港等世界典型港口，深度剖析这些港口的发展特点、发展趋势，分析其在基础设施规划和建设、集疏运体系建设、信息化发展、港口服务功能等方面的新动态。并从四代港口发展历程及特点的研究视角，分析港口发展与区域经济、城市发展之间的关系，着重对这些港口未来发展和规划的态势做出分析。

2.1.1　伦敦港

伦敦港口是全球重要的国际航运中心，也是全球航运定价中心和管理中心。20 世纪 40 年代，伦敦采取港区分离的模式，将港口硬件设施外移至城中心以东 4000m 外的海域，选择在原地大力拓展航运融资、海事保险、海事仲裁等航运相关产业。如今这些领域已拥有数千家规模企业，其中一部分已发展成为航运服务业的世界领军品牌。20 世纪 60 年代以来，随着全球经济重心的转移以及船舶大型化和集装箱化，伦敦的港口优势逐渐减弱，但作为国际航运中心“软实力”——航运服务业却日渐发展，并对全球航运形成了绝对的控制。根据“国际海运上海论坛 2010”数据，伦敦的金融航运城区域内，拥有 565 家外资商业银行，从事航运融资业务方面的专业人员将近 400 人，船舶融资占全球总融资额的 20%～30%。伦敦船险和货险占全球份额的 23%。

2012 年英国运输部发布的《英国港口规划政策声明》提到，伦敦港的发展目标是：成为经济发展的引擎；提供更为有效的运输、更加低廉的外部成本，支持交通可持续发展；提供更多的可再生能源发展空间，支持可持续发展。目前，伦敦政府斥资 15 亿英镑打造的伦敦口岸深水港口和物流园区可直接解决这一问题。集装箱在深水港卸货后，货物可直接从港口物流园区运抵市区，减少空箱运转环节，进而为企业减少了物流成本。在建中的伦敦口岸位于泰晤士河北岸，临近英国最大的消费市场,离伦敦市中心约40km,伦敦口岸项目方圆80km范围内的人口达1500万。码头长2700m,有6个泊位、24台起重机,航站区占地175hm^2,最佳潮汐条件下的吃水深度可达17m。凭借有利的地理位置和与之配套的先进营运系统,伦敦口岸有望成为英国效率最高的港口,为英国新增350万TEU的港口处理能力。

据统计,2007~2015年伦敦港港口的集装箱、干散货、液散货吞吐量如表2-1所示,其中2015年货物吞吐量为0.454亿t,集装箱为117.4万TEU,液散货为0.11亿t。

2007~2015年伦敦港港口分货种吞吐量 表2-1

年 度	货物吞吐量(亿t)	增长率(%)	集装箱(万TEU)	干散货吞吐量(亿t)	液散货吞吐量(亿t)
2007	0.45	—	106.6	0.29	0.16
2008	0.44	-2.22	102.0	0.27	0.17
2009	0.39	-11.36	85.0	0.23	0.16
2010	0.40	2.56	95.7	0.23	0.17
2011	0.41	2.50	95.4	0.24	0.17
2012	0.37	-9.76	95.8	0.23	0.14
2013	0.432	16.76	—	—	—
2014	0.445	3.01	106.5	—	0.12
2015	0.454	2.02	117.4	—	0.11

来源:英国港务局及相关资料整理。

伦敦港发展的成功经验表明,保持航运中心竞争力的关键是提升国际航运服务能力和形成完善的产业服务链。伦敦港拥有相对完善的航运服务集聚区,能够有效减少产业内部交易费用,降低社会成本。航运区内企业之间的竞争与协作,可以有效触发员工间的竞争压力与知识交流,形成持续的创新动力、知识外溢和技术扩散趋势等。伦敦港发达的国际航运服务业吸引了大量海事法律、船舶交易等机构纷至沓来,伦敦港也因此承担着约40%的世界贸易市场交易量。

1)发达的保险市场和航运交易

著名的伦敦劳氏保险市场为保险公司提供场所、品牌和服务,现有公司会员约800家,个人会员约15000名。1744年成立的伦敦的波罗的海航运交易所是全球唯一实行自我监管的航运交易所。伦敦还是全球最重要的船舶买卖市场,设在伦敦的460家船舶经纪公司在油运、干散货和二手船市场占30%~50%的份额。

2)发达的国际金融业

航运金融衍生品起源于伦敦,伦敦在干散货衍生品市场占80%的份额,在油运市场占65%~70%的份额。伦敦拥有外国商业银行的数量远远超过其他国际金融中心。同时,伦敦是全球最大的外汇交易市场、场外金融衍生交易市场、国际保险市场和主要的再保险全球中心,是全球第二大期货与期权交易市场。

3)完备的海事法律体系

英国拥有完备的海事法律体系,英国法广泛应用于全球航运领域。英国的商业法庭和职业律师在航运业界享有很高的地位和声望,伦敦海事仲裁员协会规则被全球海事仲裁案件广泛引用。

4)自治自律的成熟市场运作机制

伦敦航运服务业经过几百年的发展,已形成自治自律的成熟市场运作机制,为航运服务业发展带来新的活力。行业协会在行业健康、规范发展的过程中发挥了积极而重要的作用。英国政府对航运服务业的发展采取"积极不干预"政策,让市场规律和行业自律发挥作用。英国政府也适时出台优惠政策,例如吨税政策,为英国吸引了大批船舶,同时也吸引了大量船公司入驻伦敦。

5)高素质航运人才

伦敦拥有完善的航运高等教育和专业培训体系,航运从业者达14000多人,为世界各地提供着高质量、专业的航运服务。高素质航运人才的聚集为航运业可持续发展提供了智力保障。

另外,设立于伦敦的国际海事组织(IMO),集聚了大批海事相关组织和机构,有力地促进了伦敦航运服务业的发展。同时,英语作为商业交流的主要语言也为伦敦航运服务业的发展带来了很大便利。

2.1.2 鹿特丹港

鹿特丹作为荷兰的第二大港口城市,位于莱茵河与马斯河汇合处、新马斯河两岸。鹿特丹港地理位置非常优越,是荷兰和欧盟的货物集散中心。通过鹿特丹港,可以向葡萄牙、西班牙、斯堪的纳维亚地区及波罗的海地区等国家提供货物运输服务,也可向英国、爱尔兰等国家运送货物,同时可将货物运往中欧、俄罗斯等远东国家,并因而有"欧洲门户"之称。鹿特丹港拥有大量的土地,服务于整个欧洲腹地。丰富的土地资源和发达的欧洲经济腹地,促成了鹿特丹港临港工业和物流园区"储运销"的发展模式。

鹿特丹港每年约有3.1万艘海船和13.3万艘内河船挂靠,500多条班轮航线连接世界1000多个港口,这使鹿特丹港成为船舶建造、修理和其他海事服务理想地点。鹿特丹港的转运货物以原油、石油产品、谷物为主,液体散货占货物总量的50%左右,集装箱吞吐量每年也保持稳定的增长。据统计,2015 年鹿特丹港货物总吞吐量为 4.67 亿 t,其中,集装箱为 1223 万 TEU,干散货为 0.877 亿 t,液散货为 2.25 亿 t,如表 2-2 所示。据预测,鹿特丹港的货运总量保持总体稳定,2020 年为 4.6 亿 t 左右,随着技术的发展和港口集散、运输技术的改进,2026 年码头集装箱运力将达到 3400 万 TEU。

2007~2015 年鹿特丹港港口分货种吞吐量 表 2-2

年 度	货物总吞吐量(亿 t)	增长率(%)	集装箱(万 TEU)	干散货(亿 t)	液散货(亿 t)
2007	4.09	—	1079.1	0.91	1.87
2008	4.21	2.95	1078.6	0.95	1.94
2009	3.87	-8.12	974.3	0.67	1.98
2010	4.30	11.17	1114.8	0.85	2.09
2011	4.35	1.02	1185.0	0.88	1.99
2012	4.42	1.61	1187.0	0.78	2.14
2013	4.41	-0.23	1162.0	0.892	2.07
2014	4.45	0.91	1230.0	0.886	2.03
2015	4.67	4.94	1223.0	0.877	2.25

来源:鹿特丹港务局及相关资料整理。

鹿特丹港的稳步发展依赖于多方面的投资,尤其是正在准备筹建的如 LNG、石油化工产品等危险品作业区,需要大量的资金投入。近年来港口发展将需要超过 100 亿欧元的投资,其中,马斯弗莱克特扩建计划至少需要 26 亿欧元。政府的投资只占其中的一部分,主要的还是来自于 45 家公司投资的 50 亿~60 亿欧元的项目资金。为了维持鹿特丹港在众多港口中的竞争地位,需要进一步拓展港口空间,鹿特丹港当局计划在未来 15 年内将现有的 1.05 万 hm^2 港区再增加 1000hm^2 用地,使港口陆地使用面积扩大 20%,该扩建计划将以填海造地的方式进行。此外,鹿特丹港在 2013 年全面实现基础设施的模式转换,将目前占 70%的货物直接通过内陆运输经鹿特丹港向欧洲其他地方转移,除了公路以外,还有 22%的货物需要通过铁路向欧洲其他地区运输。

鹿特丹港与香港、上海和深圳等亚洲重要港口有着密切的业务往来关系。在向第四代港口发展过程中,鹿特丹港的发展模式有如下特征:

1）政府统一规划、建设和管理，企业自主经营

鹿特丹港的发展属于“地主港模式”，即港区基础设施归鹿特丹市政府所有，鹿特丹港务管理局对港区内的土地、码头、航道和其他设施统一开发，并实施船务运输管理。私营企业以租赁的方式得到经营权，只需投资码头的机械设备、库场和其他配套设施。政府对于鹿特丹港的发展起到了重要的推动作用，使得鹿特丹市的相关产业和区域经济获得了巨大的发展。

2）发展临港产业及物流园区，实现多元化经营

鹿特丹港沿河几十千米都为临港工业区，物流园区占地面积几千公顷，港口工业发展迅速，逐渐形成完整的物流链。鹿特丹港经济约有50%的增加值来自港口工业。发达的临港产业为鹿特丹港带来了丰富的货源。鹿特丹的临港产业与港口的发展互动互长、相辅相成。鹿特丹港拥有大面积的物流园区，为临港产业加工后的货物进一步提供贸易物流等增值服务。鹿特丹港已将发展物流园区作为提升港口竞争力和影响力的战略之一。鹿特丹港通过发展临港产业对货物进行加工，然后通过物流园区为货物提供仓储、运输、贸易等服务，达到多元化经营的目的。

3）港城协调发展，促进国际城市建设

鹿特丹港依靠临港产业和物流园区的发展模式，极大地带动了鹿特丹市的发展。鹿特丹港的发展模式已经不单纯是港口单一的发展，而是更加注重与城市和周边地区的协调发展。鹿特丹是典型的“港城一体化”的国际城市，拥有大约3500家国际贸易公司，形成了包括炼油、石油化工、船舶修造、港口机械、食品等部门在内的临海沿河工业带，实现了城市与港口的协调发展。

4）配套设施齐全，提供综合物流服务

鹿特丹港配套设施完备，码头、堆场、仓库、道路、环保设施、支持保障系统非常完善，管理设备和操作手段高度现代化。鹿特丹港可以通过保税仓库和分拨中心对货物进行储运和再加工，提高货物的附加值，然后通过公路、铁路、内河、空运、海运等多种运输方式将货物运送到荷兰和欧洲等目的地。在港口服务质量方面，鹿特丹港一直走在世界前列。根据世界银行报告，全球大部分承运人和托运人对鹿特丹港的评价比较高，认为其港口物流服务质量在众多国际港口中具有很明显的优势。其在物流业绩指标上排在新加坡之后，位居世界第二；在港口报关和国际货运等方面位居世界榜首。

专栏2-1　鹿特丹港的港口经营战略

2011年12月，鹿特丹港公布了至2030年的港口长期战略规划。鹿特丹港计划成为“全球化物流中心”和“欧洲产业集聚区”，目前正在不断

强化自身竞争力。

经营鹿特丹港的鹿特丹港务局于2004年注册为公司，到2014年由鹿特丹市政府持股70%，荷兰政府持股30%。虽然公司结构重组已过去10年，但依旧在国际贸易中具备优势，同时还积极致力于提高服务品质，挖掘出更多特色服务吸引客户。未来，计划构建一个能产生高附加值的全球化港口网络，同时，不断加强与各企业之间的合作。

(1)与邻近港口合作战略。致力于扩大吞吐能力、强化港口功能、提高物流效率和强度，并计划构建一个低碳型的产业集聚区。强化与邻近海港及内陆港口的合作关系。其中，安特卫普港将作为内陆中转港进行开发，在那里将建成以石油精炼及化学产品为主的产业区，并计划铺设油管等。与阿姆斯特丹港、泽兰港等海港，多德雷赫特港等内陆港口合作，形成港口服务网络。

(2)与港口后方腹地关系。为了与后方腹地紧密联系，鹿特丹港不仅在运输模式上进行改变，同时还在建设驳船码头，甚至采取一些特殊的措施以保证计划顺利完成。比如灵活运用货运专线铁路，使内陆铁矿石运输比例大幅提升。目前连接鹿特丹港与荷兰芬洛和德国杜伊斯堡等地的项目正在实施。

(3)内陆水运。目标是经由马斯莱克迪港区2期的集装箱中，有45%将通过内陆水运完成。为缓解道路拥挤，将用大型驳船进行转运。为此，港口将建设集装箱转运基地、堆场等。

(4)国际战略。港口通过率先开拓市场，构建高附加值商业模式等，既提升了作为欧洲门户港口的吸引力，又达到了提升港口核心竞争力的目的。

2.1.3　汉堡港

汉堡位于德国北部易北河畔，距离北海110km，被北海和波罗的海所环绕，北接石勒苏益格—荷尔施泰因州，南邻下萨克森州，并与中西欧各发达国家以及斯堪的纳维亚地区毗邻。汉堡港是德国第一大港，欧洲第二大港(仅次于荷兰鹿特丹)，世界第十五大港。它不仅是德国北部地区的经济中心，还是中欧贸易往来最大和最重要的港口，地处东西、南北两大贸易线的交汇点，依托毗邻的欧洲主要市场和纵深的腹地，成为该地区最佳的货物配送和物流集散点。作为近年来北欧地区货运量增长最迅速的港口，汉堡港目前已发展成为德国、俄罗斯、中国等国家和波罗的海、东欧及远东地区国家各类进出口货物的主要物流枢纽，被誉为“德国迈向世界的门户”。相比鹿特丹港、安特卫普港，汉堡港最大的优势在于它与腹地联系紧密，铁水联运体系较为发达。

汉堡港总占地面积为7187hm^2，陆地面积为4256hm^2，水域面积为2931hm^2，目前已投入使用的面积达到6347hm^2，其中陆地面积为3416hm^2，水域面积为2931hm^2，另有840hm^2用于今后扩大建设，这为汉堡港今后的发展提供了坚实的物质基础。2005~2015年，汉堡港的货物吞吐量发展趋势总体上呈现“前期稳步增长，后期略有下降并逐渐上升”的态势，如图2-1所示。汉堡港货物吞吐量由2005年的1.26亿t持续增长到2008年的1.4亿t。而2009年受欧洲及世界范围内的经济危机影响，货物吞吐量跌落至1.1亿t。随着全球经济的回暖而缓慢上升，2014年货物吞吐量达到1.46亿t，2015年下降为1.38亿t。

■货物吞吐量

年份	2005	2006	2007	2008	2009	2010	2011	2012	2013	2014	2015
货物吞吐量（百万t）	125.7	134.9	140.4	140.4	110.4	120	132.2	130.9	139	145.7	137.8

图2-1　2000~2015年汉堡港货物吞吐量

此外，汉堡港的集装箱运输发展比较突出。2007年汉堡港集装箱吞吐量最高达到990万TEU，2011年汉堡港转运的集装箱量占世界总量的1.5%。但是世界经济形势对汉堡港运输量影响较大，2015年汉堡港集装箱吞吐量完成880万TEU，如图2-2所示。

汉堡港不仅是世界重要的海港，还是一个河运、公路和铁路运输相互结合的综合性运输港口。汉堡港是欧洲最大的铁路港，共有3个海港火车站和长达300km的铁路线。这些铁路网将汉堡港的铁路与德国乃至欧洲的铁路网连为一体，大量的货物能够快速有效地通过铁路运往各地。如表2-3所示，2011年汉堡港铁路运输量达到41.9百万t，比2000年增长了73%，占货物总吞吐量的32%；2011年铁路集装箱运输量比 2000 年增长约 163%，达到 2.1 百万 TEU，占整个集装箱运输量的 23%。2015 年汉堡港每天都有超过 220 列货运火车进出，在德国甚至欧洲没有其他任何一个港口可以提供如此密集的铁路货物运输服务。

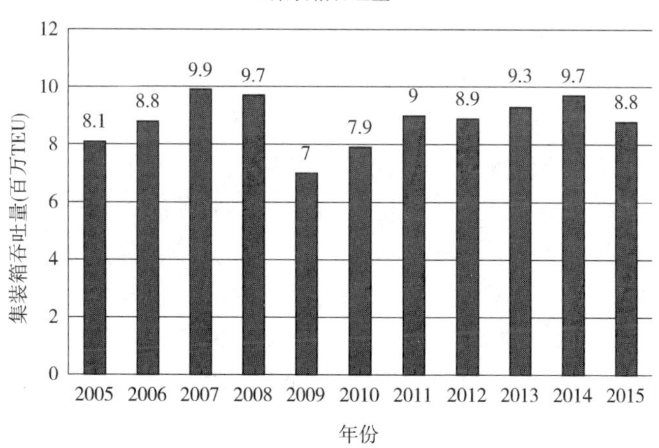

图 2-2　2005~2015 年汉堡港集装箱吞吐量

1980~2011 年汉堡港的铁路运量　　表 2-3

运　　量	1980	1990	2000	2010	2011
铁路运输总量(百万 t)	24.1	21.9	24.2	40.1	41.9
集装箱吞吐量(百万 TEU)	0.2	0.5	0.8	1.9	2.1
进出港货运车辆(百万辆)	1.5	1.2	1.0	1.5	1.5

汉堡港通过高速公路同临近的地区特别是一些区域性的经济中心相连。汉堡港拥有 80km 长的高速公路，每年有数以百万计的集装箱通过公路进行运输，主要为辐射运输距离小于 150km 的短途运输。公路充分发挥了短途运输过程中的高速、灵活以及经济等优势。汉堡的公路运输网络在不断扩建和改良，以满足未来新增的货运需求。

目前汉堡港的发展新举措和新动态主要表现在以下四个方面：

1）推动多式联运发展，完善港口集疏运体系

汉堡港推动集装箱多式联运发展，重视内河航运和铁路运输。内河集装箱集疏运方式凭借其良好的经济性、环保性、高运力等优势特点，正在日益成为港口发展的重要集疏运方式之一。汉堡港拥有密集的内河网，直接连接北海，具有天然的内河航运优势。汉堡大力疏通河道，开凿运河，加强内河航运能力。比如为了扩大德国北部内河水运网络通道，德国投资超过 1 亿欧元，积极拓宽改造基尔运河，并

对基尔运河沿途的桥梁、码头、船闸、隧道和轮渡站都进行相应革新和扩建。重新开发和扩建后的基尔运河可以通航船体长度达到280m，船体宽度达到40m。汉堡港从中受益良多。同时，汉堡港还不断加强铁路建设，强化海铁联运。汉堡港内几乎每一个泊位均有铁路直达，有25%的集装箱吞吐量要通过铁路运达目的地，其中运距超过150km的长距离集装箱运输中铁路运输所占比例高达70%。另外，汉堡港为了将港口的辐射范围延伸到东欧市场，大力发展远程集装箱铁路运输，通过租用铁路线、跨境收购铁路站股权等方式，开通了至波兰等东欧国家的五定班列，开辟了港口公司通过商业化方式经营跨境集装箱铁路专线的先河。目前，汉堡港已拥有比较完善的铁路集疏运系统。依托港区内外的铁路货运编组站，以及遍布港区的铁路线，汉堡港开通了汉堡港—波兰、汉堡港—捷克、汉堡港—匈牙利、汉堡港—吕贝克等境内外的铁路集装箱专线。港口的经济腹地延伸到东欧，由俄罗斯拓展到中亚地区，与欧亚大陆桥连接，形成横跨欧亚的铁路集疏运体系。当前汉堡港还在不断延伸铁路线，并采用现代化、高效的交通信息控制技术，吸引更多远途货源通过铁路运输。

2）加强专业物流基础设施建设，促进物流服务市场持续发展

汉堡港物流服务市场持续发展，仓库、冷藏库、堆场、配送和增值服务中心等各类物流设施不断创新扩建。比较著名的豪斯布鲁赫集装箱堆场，占地4万m^2，紧靠在汉堡集装箱码头出入口处；奥博乔格斯维特堆场，占地4.4万m^2，投资额5500万欧元，采用电子信息遥控技术，仓储操作高度自动化；阿兰姆赫堆场，紧邻汉堡集装箱码头，总共占地4万m^2，其中包括0.56万m^2的温度自动化控制仓库，主要用于食品和药品等温度灵敏货物储存；汉堡港服装物流中心，位于汉堡市城乡结合部，占地3.5万m^2，专门用来为德国、波兰、瑞士、奥地利和匈牙利等国家服装批发零售商和进出口商提供配送服务；汉堡港物流服务和不动产开发广场，建筑物、停车场和其他服务设施总共占地80hm^2。

3）依托欧盟统一关税环境，汉堡港取消自由贸易区

至2013年1月1日，汉堡港正式终结了历时125年的自由贸易区，取而代之的是整个汉堡港适用于欧盟对报关港的一系列规定。汉堡取消了对港口区域内储存和处理欧盟国家货物的特殊监控程序，以及对目前每年约100万只空集装箱在港口过境关卡的耗时处理。

从欧盟各成员国来看，废除自由港的好处显而易见，许多进入自由贸易区时的繁琐手续被取消。在统一关税区内的欧盟国家，原来针对欧盟货物监控的规定随着自由港的废除而取消，来自这些成员国的货物入关流程大为简化。自由港取消后，对于进出自由贸易区边界的交通控制不再存在，报关手续和报关时间大大缩

减,极大缓解了港口周边道路交通拥塞现象。同时,全球航运发展的趋势是零库存,长期储存在港口的货物会越来越少,集装箱运输方式使得货物在港时间大大缩短,对保税的需求逐渐减少,即使有需求,欧盟允许各地建设保税仓库的普惠政策也足以替代自由港的免税仓库功能。

由于整个欧盟是一个关税同盟的状态,从欧盟各个地区进入欧盟的货物(即欧盟内部流转的货物)一进入欧盟港区时就必须付关税。而汉堡港货物运输总量的三分之二发生在欧盟市场内部,货物能够自由流通,所以自由港的关税减免作用在减弱。在此背景下,原来汉堡自由港优势不存在了,自贸区也随之被取消。

随着欧盟自身贸易自由化程度的不断提高,依靠关税优惠吸引贸易的时代已经过去,物流和服务效率成为港口竞争力提升的关键。在现代航运业发展新条件下,港口的竞争力从以往的税收减免层面转到了效率和服务的供应层面。当港口的物流效率成为首要关注目标时,自由贸易区本身具有的各种过关限制反而成了港口效率提升的障碍。汉堡港务局局长沃尔夫冈·胡尔提纳认为"物流效率的提升是港口发展的实质,我们的目标是提升汉堡港的吞吐能力与优化海铁联运的腹地连接系统。"

2.1.4 安特卫普港

几个世纪以来,安特卫普港一直是重要的世界级港口,该港口位于比利时北部斯海尔德河下游,距北海约80km处,地处欧洲主要生产和消费中心。安特卫普港是拥有世界最大港区面积的港口,港区扩大至13057hm^2,可靠泊码头岸线总长度达160km;港口拥有欧洲最大的仓储面积约480万m^2(1186英亩),拥有众多专业仓库和多用途仓库,包括137.2万m^2(339英亩)的冷藏仓库。在左岸北部将发展开发区,已预留面积超过1000hm^{2}的土地建造潮汐式港池,具备物流、装卸和工业功能。

安特卫普港的基础设施条件良好,能对集装箱、干散货、液体散货等不同货物,依据其特点、性质进行专业化作业处理和集疏运。港口吞吐量的50%左右为转口贸易,是欧洲汽车、纸张、新鲜水果等货物的分拨中心。港口拥有全自动化仓库,一些码头有无人驾驶桥式起重机进行集装箱装卸作业。另外港口拥有全天候码头,不受天气条件的影响。这些都为稳定货源、提高运营效率提供了有力保障。在集装箱方面,由于其高装卸率、低成本和可靠的海运服务,安特卫普港成为全球供应链中的重要枢纽。港口为航运公司提供具有竞争力的物流服务,每周都有地中海航运、马士基航运和中国远洋的船舶停靠安特卫普港,容量达1万TEU以上。港口码头处理费用具有很大竞争力,为航运公司及货主大大节约了成本。安特卫普港是通往美国、加拿大、印度等国家和非洲、中美洲、南美洲、中东等地众多国际航线目的地的首选港口，其在世界各地有500多个直达目的地，每周有不少于300艘船舶挂靠，可以通过铁路、公路、驳船和管道运输将货物高效、及时地送达目的地。

一直以来，安特卫普港保持相对稳定发展。据统计，自2009年以来，该港口货物吞吐量不断增加。2015年安特卫普港货物吞吐总量超过2亿t，达到2.08亿t，较上年增长4.7%。2015年集装箱吞吐量达到965万TEU(20ft标准集装箱换算单位)，与2014年相比增加了7.5%。干散货吞吐量近两年呈现上升趋势，液散货吞吐量不断增加，2015年达到0.67亿t，如表2-4所示。

2007~2015年安特卫普港分货种吞吐量 表2-4

年　度	货物吞吐量(亿t)	增长率(%)	集装箱(万TEU)	干散货吞吐量(亿t)	液散货吞吐量(亿t)
2007	1.83	—	817.6	0.25	0.40
2008	1.90	3.55	866.3	0.27	0.39
2009	1.58	-16.68	731.0	0.17	0.40
2010	1.78	12.90	846.8	0.20	0.41
2011	1.87	5.04	866.4	0.19	0.46
2012	1.84	-1.61	863.5	0.19	0.45
2013	1.91	3.80	858.0	0.14	0.60
2014	1.99	4.30	898.0	0.135	0.63
2015	2.08	4.70	965.4	0.137	0.67

来源：安特卫普港口公司。

安特卫普港发展的主要特点和趋势主要表现在以下五个方面：

1)全球谋略定位，开展广泛合作

随着经济全球化步伐不断加快，国际贸易往来日益频繁，使得全球港口之间的联系越来越紧密。安特卫普港为全球1400个港口提供服务，十分重视全球供应链管理，从海关、检验检疫、物流服务水平等方面提升港口供应链服务效率。除了与欧洲沿海港口及内陆腹地开展广泛合作外，还与中东、拉丁美洲、非洲等地区的港口广泛开展合作。如与印度建立长期战略伙伴关系，在培训及咨询服务、港口规划、物流、码头生产效率提升等方面开展互惠互利合作。

2)重视港口航运设施建设，形成良好投资格局

比利时十分重视内河及港口航运设施的建设投入。安特卫普港致力于扩大运河通过能力，大规模改建船闸，改建影响通航的桥梁，投入巨资用于内河航道维护性疏浚，划出安特卫普左岸大片土地作为开发区，建设临港工业区和新港区。各大私营公司(码头经营商、已经进驻或准备进驻港区的工业企业)也纷纷列出投资计

划。政府主导,企业参与,共同加大基础设施投资建设格局已经形成。此外,比利时正计划进一步消除内河运输的通航瓶颈,主要工程措施有:挖深斯海尔德河;拓宽人工运河;改造或扩建船闸;拆除或改建旧桥;兴建新桥;提升内河和运河上的桥梁净空等。

3)港口集疏运系统发达,铁路发挥重要作用

安特卫普港处于整个欧洲铁路网络的中心,是欧洲内外主要铁路通道的交汇点,港口所有码头都有铁路相连接,铁路集疏运系统发达。港口内有 1055km 的铁路通道和 26 条铁路专用线,每年超过 2400 万 t 货物通过铁路运输,每周有大量列车开往 19 个国家的 70 个目的地,每天 250 列货运列车运输的货物量约占港口总运量的 12%,铁路运输服务适用于港区所有货类。

安特卫普港是欧洲三个主要铁路通道的中心连接点:

通道 1:安特卫普—杜伊斯堡—科隆—巴塞尔—热那亚;

通道 2:安特卫普—卢森堡—里昂/斯特拉斯堡—巴塞尔;

通道 3:安特卫普—杜伊斯堡—波兰—立陶宛。

列车定期从安特卫普出发前往欧洲以外的目的地,如俄罗斯、哈萨克斯坦、韩国和中国等。

4)信息化、自动化广泛应用,提高港口运营效率

IT 技术被广泛应用于安特卫普港,无处不在。港口信息系统主要包括船舶管理系统(VTS)、港口管理系统(VTMIS)、港口社区服务系统(PCS)、码头运营系统(TOS)等。

安特卫普拥有快捷和高效率的服务,除了其高效的运输组织、现代信息技术支撑外,也与港口的自动化生产密切相关。该港某化工品全自动化仓库采用先进的生产工艺流程,实现了从货物进库、加工、成包、标签、堆垛的全自动化生产。整个自动化仓库,堆垛生产效率高、生产环境干净整洁、需要现场工人数量少,整套生产工艺为化工品散货装卸、加工、仓储等方面提供了良好的物流服务,既提升了安特卫普港自身的运营效率,又为客户节省了总成本。

5)临港产业不断集聚,港口竞争力加快提升

全球石油化工品主要港口分布,如图 2-3 所示。安特卫普港拥有欧洲最大的化工群,是世界上最多样化的港口。在安特卫普港,贯穿整个化工产业价值链的参与者高度整合及多样化。港口、工业和配送同时并进。港口的 4 个精炼厂和 4 个蒸汽裂化厂能够为其稳定地供应本地原材料;港口可通过航运、铁路、驳船和管道等为其可靠地供应外来原材料。除物流优势外,安特卫普还为世界种类最多的化学产业群内的化工企业在能源、废料及产品管理领域提供大量增效优势。化工企

业之间以及化工企业与物流公司之间密切合作，使化工产品得以高效生产并富有成效地完成废料处理。发挥港口的传统优势如高产能、无拥塞和货物生产性相结合，港口能够为液态货物提供全方位的解决方案。

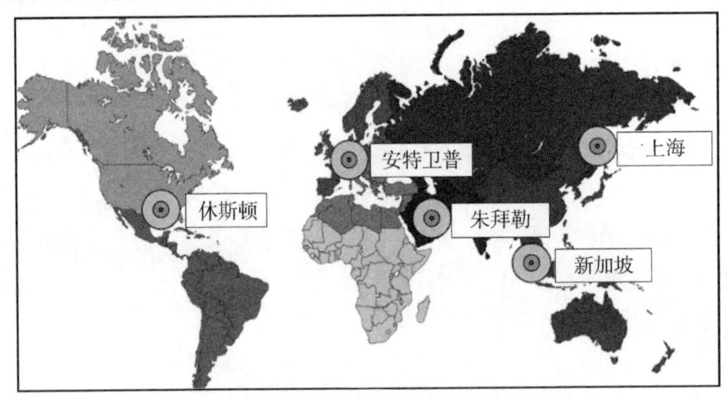

图 2-3　全球石油化工品主要港口分布示意图

港口与临港产业共同促进、共同发展。临港产业为安特卫普港提供了丰富的、稳定的货源，提高了港口货物吞吐量。港口内设有转运企业、工业企业和物流企业，企业之间相互紧密合作，不同企业的服务互为补充。港口与临港产业的互动发展，既拓展了港口服务功能、提升了港口核心竞争力，又降低了工业企业运营成本，同时还推动了相关产业的资源整合和转型升级。

安特卫普港具有先进的专业技术与强大的储存能力，能够为种类繁多的化学产品提供极具竞争力的集散地，具有多年处理塑料及液态化学产品的专业技术、强大的储存能力和较高增值服务能力。安特卫普港拥有庞大的、种类繁多的液态散货储存设施。码头能为所有潜在液体散货提供 630 万 m^3 的储存容量，如拥有储存化学及其衍生产品的高碳钢储罐、储存敏感性产品的不锈钢储罐、加热或冷藏储罐、涂层储罐、不锈钢反应器、中型散货集装箱、全自动油桶储存以及危险货品专门储存设备等。安特卫普港除了为客户提供多样化的储存设施外，还为客户提供许多增值服务，如将货物放进桶中、产品进行加热或搅拌等。

6）提供专业化、定制化的高附加值物流服务

安特卫普港拥有众多物流公司，为客户提供量身定制的高附加值服务。包括对钢材进行处理和切割的钢铁服务中心，定制和修理汽车的汽车加工中心，以及大量的针对水果、木材等货物的高附加值服务。如供应管理、按单拣货、质量控制、包装及储存服务等。

安特卫普港是全球易腐货物的主要卸货港，为对环境有特殊要求的货物比如

新鲜水果、医药产品等提供高品质的物流服务，适合所有温控货物运输。对于每种需要温控处理的货物，提供不间断的冷链物流服务。从安特卫普港发出的所有易腐货物均可及时、完好无损地运达最终目的地，服务供应商将质量作为首要考虑的重要因素。另外，安特卫普港作为冷藏港历史悠久，拥有大量的设施用于存储各种类型的控温货物。港口拥有多达23万m^2的存储空间用于保存冷藏或冷冻产品。经验丰富的服务供应商提供一整套根据产品量身定制的服务，如质量控制、(预)包装、拣选和催熟。同时，熟练办理海关手续。食品检查点设于港口各处，包括卸货和装货码头，确保货物高效转运。最近，在左岸边境检查站启动了"一站式办事处"，结合海关和比利时联邦食物链安全署(FASFC)的检查，既节约了时间和成本，还提供了更多安全性操作。

7)港口安全、绿色环保受到高度重视

安特卫普港重视安全管理，任何进入港区的人员都要佩戴安全帽、穿安全服。在港区内，港务长办公室监测船的安全。负责采取一切措施保障港口的公众秩序、和平和安全，如制定装卸和存储规定、进港规定，维护港区的环境、完整性和安全等。为了确保货流的持续性，安全的投资是必不可少的。安特卫普港的大部分码头都受到《国际船舶和港口设施保安规则》(ISPS)的保护，全天候观测，并使用扫描电子通道控制。

港口的可持续性是港口长期发展的强有力支撑，是港口科学发展的保障。从欧美典型港口发展的特征和趋势来看，绿色环保、可持续是未来港口发展的重要趋势。欧洲港口可持续发展一直贯彻始终，即使欧美地区受政策危机持续影响，其对港口绿色环保资金投入并未取消。安特卫普港口早已确立了"安全、健康、环保、质量"的建设和营运理念，这是该港口的成功之道。

安特卫普港注重环境保护。港口拥有美丽、环保的港区环境并能与周边环境和谐发展，这一切都与港口采取一系列的环保措施紧密相关。一是安特卫普港积极推进可持续发展，通过不断投资购买尖端设备，保证相关产品以安全、高品质、环保的方式进行处理，符合安全、健康、环境和质量(SHEQ)的规定。二是港口密切参与具有必要技术支持的各种绿色贸易通道项目，围绕特定货物流动达成海关双边协议。这些货物流动履行最低限度的检查和海关手续，大幅度节约时间和成本。绿色贸易通道让进出境货物流动快速、安全而高效。三是率先推出航运环保系数，并且在港使费上给予船舶优惠。四是重视岸电发展，减少相关污染。五是大力推广使用太阳能电池板，在港口的仓库楼顶安装太阳能设备。六是积极推动港口社区生活环境，与自然保护局共同协商，对于独特的动植物进行保护，采取措施减少排放有毒物质，尽可能支持港口绿色发展。

2.1.5　纽约—新泽西港

纽约—新泽西港是美国第三大集装箱港，位于美国东北部纽约州东南哈德逊河口东西两岸，在长岛西端的上纽约湾内，濒临大西洋的西北侧，属于海湾河口港。纽约—新泽西港包括纽约、新泽西、纽瓦克三部分，分属纽约和新泽西两个州。在北美东海岸各港口中，纽约—新泽西港拥有最多的国内、国际航线，其6个集装箱港口的吞吐量就超过东海岸其他所有港口之和。纽约—新泽西港口拥有40条通往亚洲的航线，包括7条到印度次大陆的航线，以及最新的往返汉堡、安特卫普和越南之间的快运航线。2002年下半年发生的美国西海岸港口劳资纠纷和"封港"事件，给在美国东海岸的纽约—新泽西港带来了扩大亚洲港口集装箱航线的更多机遇。自2013年，纽约—新泽西港货物吞吐量呈稳定发展状态，2015年货物吞吐量达到0.736亿t，其中，集装箱吞吐量637.2万TEU，散货吞吐量0.37亿t，如表2-5所示。

2007~2015年纽约—新泽西港港口分货种吞吐量　　表2-5

年度	货物总吞吐量（亿t）	增长率（%）	集装箱（万TEU）	散货（亿t）
2007	0.87	—	529.9	0.54
2008	0.89	1.92	526.5	0.55
2009	0.78	-12.38	456.1	0.50
2010	0.81	4.48	529.2	0.49
2011	0.86	6.10	550.3	0.52
2012	0.81	-6.43	553.0	0.46
2013	0.71	-12.30	546.7	0.37
2014	0.737	3.80	577.2	0.38
2015	0.736	-0.10	637.2	0.37

来源：纽约—新泽西港务管理局。

纽约—新泽西港是较成功的组合港，实行统一管理与规划。一是采取地主港管理模式，在财政上自给自足，通过将设施租赁给私营公司经营，获取相对稳定的收入。二是加强港口基础设施建设与维护，加快两港信息系统建设。三是港城联动，支持港口区域经济建设。建造世贸中心，吸引众多企业聚集在此发展国际贸易业务。在外界竞争压力下，与原为竞争对手的汉堡港和不莱梅港通过公共经营人整合方式结成联盟。

在基础设施方面，纽约港有两条主要航道。一条是哈德逊河口外南面的恩布娄斯航道，长 16km，宽 610m，维护深度 13.72m，由南方或东方进港的船舶经这条航道进入纽约湾驶往各个港区。另一条是长岛海峡和东河，由北方进港的船舶经过这条航道。哈德逊河入海口的狭水道，东河水道大部分河段水深在 18m 以上，最深处近 33m。纽约港腹地广大，公路网、铁路网、内河航道网和航空运输网四通八达。纽约地区的 14 条铁路线，其中 8 条可通往美国各地以及加拿大和墨西哥等地。港口主要码头有马赫（Maher）、纽瓦克港（Newark）、纽约斯塔顿岛（Staten Island）以及布鲁克林（Brooklyn）的雷德胡克（Red Hook）等。

纽约—新泽西港也是海铁联运最繁忙的地区之一。随着美国港口铁路基础设施的不断强化，铁路多式联运的集装箱标准化日益规范，铁路多式联运使用的传统 48ft 和 53ft 集装箱运量不断减少，而国际标准的 20ft 和 40ft 集装箱运量大幅增长，因此美国铁路运输公司开始大量增置国际标准 ISO 集装箱设备。纽约—新泽西港有 12 个铁路车站用于装卸集装箱和其他散装货物，这些车站由加拿大太平洋铁路公司、CSX 和 Norfolk Southem 经营，提供到美国东部和加拿大重要市场的运输服务。

作为美国东海岸最大的集装箱港口，纽约—新泽西港的铁路集疏运比例约为 10%左右。集装箱海铁联运的发展主要受铁路基础设施和运输能力的限制。从 2003 年起，港口当局制订了一系列改善铁路集疏运状况的发展计划，力争使铁路集疏港比例增加到 25%，以控制高速公路载货汽车运输的增长，缓解当地高速公路的压力。如耗资 7000 万美元在伊丽莎白港区建设多式联运铁路设施，提高港口装卸能力，为纽约—新泽西港成为东海岸国际大港奠定坚实基础。

纽约—新泽西港通过自贸区吸引产业集聚，为港口发展提供大量的货源需求。1979 年 4 月 6 日，美国自由贸易区委员会批准在新泽西州的纽瓦克/伊丽莎白设立第 49 号自由贸易区，纽约—新泽西港务局是该自由贸易区的受让人。该自由贸易区的通用区共占地 1800.7hm^2，由 12 个部分组成。其中，纽约—新泽西港务局拥有并负责运营 970.4hm^2，占比超过一半，达到 53.89%（其中，伊丽莎白港区海运码头 839.7hm^2，伊丽莎白工业区 50.6hm^2，泽西港区海运码头和格林维尔堆场 80.1hm^2）；私营部门合作伙伴拥有并负责运营 830.3hm^2，占 46.11%（爱迪生海勒工业园区 153.4hm^2，南布伦瑞克海勒公园道 9.3hm^2，伊丽莎白北港工业中心 6.7hm^2，卡特里特工业园区 46.1hm^2，珀斯安博工业园区 71.2hm^2，瑞丁商务园 128.3hm^2，普洛斯商务园 29.5hm^2，联邦商务中心 221.0hm^2，南科尔尼工业区 164.8hm^2）。此外，该自由贸易区的次区域由 11 个部分组成，分别由 9 家运营商负责运营。

纽约—新泽西港务局自由贸易区是美国较大的自由贸易区之一。在获得美国自由贸易区委员会的授权后，纽约—新泽西港务局拥有建设、运营和维护所属自由贸易区的特权。作为具有公共性质的受让机构，纽约—新泽西港务局在符合自由贸易区公共政策目标“对因海关原因导致在国外开展的相关经济活动，通过鼓励并吸引回在美国国内进行以创造并维持就业”的前提下，充分引入市场机制，在法律法规允许的范围内对所有企业开放自由贸易区，使得企业能够均等地利用自由贸易区开展业务。纽约—新泽西港务局在运营自由贸易区的过程中充分利用港口腹地及基础设施优势。一方面，纽约—新泽西地区位于人口稠密且富裕的波士顿与华盛顿特区走廊中间，在纽约—新泽西港世界之窗 420.3km 车程范围内包含了美国 21%的零售市场。因此，利用纽约—新泽西港先进的码头服务能力以及完善的海运、铁路、航空和公路集疏运体系，纽约—新泽西港务局自由贸易区为入区的制造商或进口/分销商提供了直接进入纽约/新泽西地区消费市场的大好机遇。另一方面，纽约—新泽西港务局还不断提高仓储设施的利用效率。纽约—新泽西港务局自由贸易区内的大部分仓储设施都邻近港口码头，且大都是近年新建的，能提供高达11.0m的新式仓储空间。随着燃油价格的不断上涨，缩短载货汽车的运输距离可以减少成本支出，纽约—新泽西港务局为企业提供了邻近港口的便利的仓储设施。

专栏 2-2 纽约—新泽西港务局通过政策措施加大自由贸易区对港口支持

纽约—新泽西港务局自由贸易区提供了多达 21 种（包括关税延期、关税倒置、无出口关税、关税减免、便利出口、备件免税、简化进出口手续、人工成本和利润免税、质量控制、区间自由转移、每周报关结算、不受配额限制、安全保证、按季支付港口维护费、改善库存控制、消耗性商品免税、免库存税、免税展览、降低保险费、便利原产地标识、实现所有权转移等）的优惠政策，为入区企业实现了有形的成本节约。其中，在关税倒置方面，纽约—新泽西港务局自由贸易区为用户提供了可按原材料或成品中较低税率支付的选择。比如，按照美国税法规定，对香料和香精成品不征收关税，而精油和仅含氮杂原子的杂环化合物等香精原料则要分别征收 4.6%和 9.5%的关税。作为纽约—新泽西港务局自由贸易区的运营商，芬美意公司是全球最大的从事香精和香精产品生产的跨国制造商，由于其在属于纽约—新泽西港务局自由贸易区的纽瓦克和普莱恩斯伯勒开展运营，其无须缴纳进口原料关税，仅需申报缴纳香精成品关税，而其成品关税为零。在每周报关结算方面，以每次货物处理费 485 美元、平均每周入区 20 次、每年按 52 周计算，区外企业需支付的年货物处理费为 50.44 万美元，而区内企业按周结算且上限为 485 美元，即年支付货物处理费仅为

2.52 万美元；另以每次报关费 125 美元、年报关 1040 次计算，区外企业需支付的年报关费为 13 万美元，而区内企业因每周报关则需支付的年报关费仅为 6500 美元。

纽约—新泽西港务局自由贸易区由通用区和次区域两大类型区域构成。在自由贸易区运行方面，通用区的国外商品入区比例高达 99%，但运至国外的出区商品比例仅为 2%；而次区域的国外商品入区比例最低仅为 41%，但运至国外的出区商品比例最高达到 45%，即两大区域分别服务于汽车、浓缩橙汁进口商，多用途仓库运营商和石油、医药、香精、钟表、食品等制造商。

2.1.6 长滩港

长滩港位于美国加利福尼亚南部的长滩市，是美国重要的集装箱深水港，地处通往亚洲各地的枢纽位置。建港初期，长滩港占地面积仅 323.75hm^2（800 英亩），是一个小码头，并且航道很差。如今，这里是美国仅次于洛杉矶的第二繁忙港口，占地 1295hm^2（3200 英亩），分内、中、外港三部分。中港为主要港区，由东南港池、东港池和西港池组成。进港航道长 3540m，宽 213m，最浅水深 18.3m。长滩港进出口货物除服装、电子和轻工产品外，还有大量的工业用原油、石油产品和化学制品。

自 1911 年建港以来，长滩港港务局以向各国远洋、仓储和运输公司出租码头和港区泊位所获收入运营港口，从未占用长滩市的财政预算，每年还要拿出净利润的 10%用于长滩市与港口有关的建设。在经营方面，2001 年韩进海运以 25 年的长期租赁合同，经营管理由原美国海军码头改建的国际集装箱码头，租金为 10 亿美元。该码头已于 2002 年 6 月份竣工，占地面积 151.76hm^2（375 英亩）。长滩港通过采用场地胶轮起重作业方式，以提高码头堆垛集装箱层次和堆存总量。通过采用延长码头工作时间、提高码头集装箱装卸速度和进一步细化码头管理系统等办法，力图提高港口的集装箱吞吐量，减缓集装箱码头的拥堵现象。此外，长滩港投资 2.02 亿美元建造新的集装箱码头；投资 3360 万美元疏浚航道；投资 5000 万美元扩建集装箱码头设施和通道；投资 6500 万美元建造新的集装箱堆场。长滩港是美国与亚洲贸易的重要门户，在创新、可持续、物流及安全环境管理方面均处于领先地位。2012 年，长滩港集装箱吞吐量超过 600 万 TEU，迎接了来自世界各地 200 多个港口的近 5000 艘船舶。据统计，长滩港 2015 年港口货物吞吐量 1.63 亿 t，其中，集装箱吞吐量 719.2 万 TEU，见表 2-6。随着长滩港不断发展，其在区域经济中的地位越来越重要。每年进出长滩港的货物贸易额高达 1.55 亿美元，为全美提供了140万个左右的工作机会,其中在总人口为40多万人的长滩港就有3万多人从事与港口有关的工作。

长滩港2007~2015年港口吞吐量　　表2-6

年度	货物总吞吐量（亿t）	增长率（%）	集装箱（万TEU）	增长率（%）
2007	1.74	—	731.2	—
2008	1.57	-9.77	648.8	-11.27
2009	1.32	-15.92	506.8	-21.89
2010	1.51	14.39	636.3	25.55
2011	1.46	-3.31	606.1	-4.75
2012	1.49	2.05	604.6	-0.25
2013	1.63	9.40	673.1	11.33
2014	1.64	0.61	682.1	1.34
2015	1.63	-0.61	719.2	5.44

来源:长滩港口官网。

长滩港十分注重港口可持续发展和环境保护。2005年以来,港口将整体柴油空气污染降低了75%,在环保方面取得的前所未有的成就。近年来,长滩港启动了两个重要的环保项目,分别是岸电和清洁载货汽车项目,将载货汽车造成的污染从2008年的水平下降90%。预计到2020年,所有泊位将配齐岸电。

长滩港务局制定了"绿色港口方针",主要包括改善空气和水体质量,恢复港区栖息的野生生物,净化土壤及海底沉淀物,创立可持续发展的港口文化。在这项方针指导下,港务局环保部门清理了港区内的环保死角,把对环境有害、浊蚀土壤的化学物质密封后深埋,阻断这些物质在土壤和水体中的扩散路径。

长滩港2007年开始实施"清洁空气行动计划"。由于港区废气排放总量的50%来自过往和停泊的船只,因而长滩港要求船只减低行驶速度,以有效降低燃料消耗和废气排放。港务局确定的具体规定是,所有船舶在离港20n mile时把时速降到12n mile以下。为使这项规定落到实处,港务局专门在港区设置了雷达测速器,并规定全年达标率超过90%的船只可在第二年享有减免15%泊位费的优惠,获得港务局的绿色环保标识旗。这项举措得到了普通的支持,目前的履行率超过了90%。远洋货轮在港区停泊卸货期间,因大宗待卸货物需要恒温储存,若货船制冷系统全部以燃油为动力,所排放的废气是港区空气污染的一个主要来源;另外,停靠码头期间,远洋巨轮的生活区空调和冰箱仍需运转,也需燃油动力制冷,也有燃油废气排放问题。为了从根本上解决这一问题,又不能影响船上物品的储存条件和船员的生活,长滩港务局把电力接入巨轮,采取在码头留有电源接口的措施。远洋轮船在港区停泊时只要接入码头电源接口就可使用岸电作为动力源,保证轮船制冷系统和生活区空调和冰箱的正常运转,从而大大减少了港区使用燃油带来的废气污染。

经过综合治理,长滩港的环境得到了明显的改善,并在2006年和2007年连续被美国港务局协会授予“环境改进奖”,2008年又荣获美国环保总局的“空气清洁优胜奖”。长滩港已成为世界各大港口环保行动中的先行者。

为了保持竞争优势,长滩港投入巨资确保未来发展。未来10年,长滩港将投资45亿美元优化港口设施,这是美国所有港口投资规模最大的工程。优化工程将为当地创造5万个永久岗位和数千个临时就业机会。其中一个重要项目是投资13亿美元兴建一个“中间港口”,这将是长滩港“未来码头”理念的模型。在中间港口,两个老旧转运码头将被合并,成为一个技术最先进、设施最环保的码头。预计到2019年该码头建成,届时全新的现代化码头吞吐能力将提高一倍,达到300万TEU以上。同时,空气污染将降到原有水平的50%。此外,船舶到港后可使用码头的岸电装置,而不必再使用燃烧柴油的辅助动力机,不断提升港口节能环保水平。

2.1.7 洛杉矶港

洛杉矶港是美国洛杉矶市的一个海湾港,位于北纬33°、西经118°附近,地处美国太平洋西岸。洛杉矶港整个港口由一条长约3000m的弯曲防波堤保护,主航道长约2700m,宽304.8m,水深13.7m,港内最大水深15m。全港面积约2733hm^2。洛杉矶港口四端有航道直达长滩港。长滩港与洛杉矶港的码头和航道不仅毗连而且互通,同时外港的大防波堤也是共享的,只是管理和经济核算相互独立。

洛杉矶港集疏运条件优越。洛杉矶市是美国三条横贯大陆的铁路线的起点,其南北方向的铁路和太平洋沿岸各大城市相连接,稠密的高速公路世界闻名。铁路开行横跨美国东西部的双层集装箱专用列车,并发展海铁联运。过去经巴拿马运河运输的东、西两岸的货物,如今可通过横贯大陆的铁路转运,运输距离大大缩短了,运输时间大大减少。通过铁路运输可使腹地的物资方便地运至港口,大幅度提升了港口集装箱吞吐量。2015年港口集装箱吞吐量达到816万TEU。

洛杉矶港是北美和环太平洋地区首个实施国际清洁空气项目的海港。该港积极加强和其他国家的友好合作,并在促进中美经贸合作和增加当地就业方面发挥了积极作用。在创收方面,中海运洛杉矶码头建成以来,港口经济飞速发展,年均集装箱吞吐量已达到150万TEU,占整个洛杉矶港集装箱吞吐量的十分之一,为当地政府贡献了大量税收,创造了很多就业机会;在节能环保方面,这里所有设备都使用丙烷作为燃料,是充分利用清洁能源的成功典范。

2.2 国外典型港口发展经验借鉴

20世纪80~90年代,欧美等港口给我国的启示和经验是全方位的,包括规划、建设、技术和管理等。现阶段我国港口借鉴国外典型港口发展先进经验思路有别于20世纪80~90年代。世界港口可供我国港口借鉴的具体经验体现在以下方面:

2.2.1 统筹规划——全球谋略,优化港口布局,明确发展方向

欧洲港口在进行建设之前,充分考虑了港口的运输需求、岸线、陆域、集疏运方式、物流设施、环境保护、生态平衡等多种因素,统筹制定港口规划。针对港口未来发展方向和战略定位,对港区的规划不仅考虑临港岸线的规划,而且统筹考虑整个港区的规划。在实施规划的过程中,不仅要实现码头前方装卸作业的现代化,还要与货物的堆存、后方的物流系统紧密衔接,同时要采取港区的环境保护措施。港口建设按照规划逐步实施,规划是受法律保护的,不能因其他条件改变而随意改变。例如,汉堡港的CTA码头作为世界先进的集装箱码头,其港区规划十分全面合理,码头水工、疏港公路和铁路等基础设施,以及物流设施的建设都是按照规划有序推进的。

汉堡港在发展规划中重视港口与地区的协调发展。为了不影响易北河的老隧道(隧道处航道深度约12.5m,限制大型船舶通行)的正常运行,汉堡港的港区规划主要分布在易北河隧道以西,在西部港区建设或改造深水码头,以适应船舶大型化的需求;同时,为了实现资源的优化配置,东部港区改造为物流服务设施、城市功能区等场所,以适应城市发展的需求。随着经济的不断发展,汉堡港所在的易北河北岸要建设现代化的商业区,因此港区将基本集中在易北河南岸。另外,在对港口进行规划的过程中,需要经过当地议会的集体讨论和表决,作为与港口建设有关的各个利益相关方都要选取代表,参与讨论。只有各方利益得到平衡的条件下,规划才得以最终确定,并受到法律保护。港口在建设过程中需要严格执行规划,管理部门不得以行政权力进行干预,以保证港口建设的顺利进行。

从这些发展实践可以看出,欧洲港口在进行港口的规划和设计时充分考虑了港口与城市的协调发展、港口的可持续发展和港口资源合理配置等问题,并且利用法律手段保证规划的权威性和可执行性,这些经验值得我国港口发展和规划借鉴。

2.2.2 设施建设——港口集疏运体系不断优化和完善

国内外发达港口，往往拥有便捷高效的多式联运集疏运体系，通过海铁联运、海陆联运、海河联运等多种组织方式，保障港口服务功能的最大化。有效利用综合集疏运体系，将港口的服务功能向经济腹地拓展，对港口高效、快速发展至关重要。

1)美国港口

美国运输部提出的《2010~2015年战略计划》中，在多式联运方面，将重点加强多种运输方式间的衔接。全球贸易在美国经济中起着十分关键的作用，美国通过海港与世界各地的货物贸易成交量约占美国总贸易量的78%，产值约占48%。港口是美国多式联运系统的重要组成部分，发挥着全球贸易进出口商品输出输入的功能。海运系统是一个责任共担的行业，联邦、州政府和地方企业、私营部门对现有设施的运行与维护都有投入。为了保持在全球经济中的竞争力，海运系统需要更多的技术援助和激励，最大化地使用现有设施，以提高效率。例如，公共码头每年投入21多亿美元用于基建改良工程，以满足目前基础设施的需求。美国需要充分的海上运力来满足目前进出口贸易的需求、满足内需消费品和大宗物资流动和储存的需求。未来，规划将做好准备应对由拓宽巴拿马运河和开发北极交通运输通道的需要所带来的贸易格局的变化。为了应对上述挑战，联邦运输部将采取以下措施：

(1)联邦投资集中于改善港口、铁路和公路之间的衔接，尤其是改善码头与港口外的铁路与多式联运的衔接。

(2)增强与行业投资者的广泛联系，举办论坛交流，针对海运系统面临的挑战寻求解决办法。

(3)现有海运设施登记造册，包括设施占地面积、仓库容积、泊位场地和吊货设施等的清单说明。

(4)制定国家战略基础设施需求的性能指标，在此基础上做出投资决策。

美国沿海港口十分重视海铁联运的发展，以洛杉矶和长滩港为例，港口与内陆腹地多个城市通过密集的铁路班列相连，通过海铁联运方式，将集装箱直接运往内陆城市。长滩港还将海铁联运功能延伸到启运港，班轮公司与铁路公司紧密配合，通过船舶配载和班列编组的功能集成化，把班列编组的功能提前到启运港。在启运港配载时，根据班列编组的顺序，把集装箱货物配载在船舶最上方，船舶配载按车厢顺序配载，到港卸船时与火车车厢形成第一、第二、第三、第四卡的排列进行装车，船舶到港时间与目的地火车班列时间对应配载，到港卸船时与火车班列一一对应，通过这种启运港提前配载的方式，大大提高了海铁联运效率。

2)欧洲港口

欧洲主要港口在发展过程中,注重多种集疏运方式的平衡发展,公路、铁路和水路运输在港口发展中均占有重要的地位。在港口集疏运体系发展过程中,欧洲港口摆脱了传统的"地理距离"观念,强调"经济运距"的理念,使集疏运通道的建设更多考虑港口与经济腹地间的连接,充分发挥港口作为全球物流枢纽的功能,使港口直接面对腹地开放,有力地缩短了港口与腹地间的经济距离。

(1)铁路

欧洲国家的港口重视港口铁路的开发建设,无论在汉堡港、鹿特丹港等沿海大港,还是在杜伊斯堡港、诺艾斯—杜塞尔多夫等内河港口,都将铁路运输作为港口功能向内陆延伸的重要途径。在港口规划和建设中,综合考虑港口后方集疏运系统的衔接问题;在运输组织中,将公路、铁路和水路运输作为一个整体综合考虑,最大限度地提高了综合运输效率。

德国铁路集装箱化率很高,除长、大、笨重和废旧回收的货物外,其余基本上都采用集装箱运输。铁路集装箱运输的优点:

①减少货物在从发货人到收货人运送过程中的搬运次数,节省运输成本。

②减少货损、丢失、货盗事故,提高货物在运输过程中的安全系数。

③减少仓库搬运设备,为实现多式联运创造有利条件。

在港口物流的发展过程中,多式联运方式占有比例日益增大,铁路运输以其运量大、运距长、辐射面广、安全、可靠、准时等优势,成为多式联运中的重要角色。

(2)公路

公路方面,汉堡港利用德国境内拥有欧洲最密集公路网、西欧国家境内公路网相对发达的优势,充分发挥公路运输便捷、准时的优势,大力发展短途运输,形成对其周边地区直接经济腹地的辐射和影响。据统计,汉堡港的货源中有40%的货物是通过汉堡港与周边地区的产业联动而产生的,这部分货源全部通过公路运输来完成。

(3)水路

汉堡港的水路集疏运系统主要由沿海支线船和内河运输组成。沿海支线船主要用于与波罗的海沿岸国家间的货物运输,这部分货源占据整个汉堡港集装箱量的30%。沿海支线船的运输方式包括:沿海内支线船(Feeder)、短途运输船(SSS)和往来船(Local Ship)运输。每天都有大量的沿海支线船往来于汉堡港与波罗的海沿岸各港口之间,保障了汉堡港作为波罗的海地区物流枢纽的地位。据统计,沿海支线船运输方式占据整个汉堡港货源运输的27%。此外,由于德国境内内河航道平均水深达4m,可承载较大型内河集装箱船的通航。因此,汉堡港沿易北河方向可以连接沿岸的柏林、汉诺威和吕贝克等城市,并且向南直达捷克共和国境内的诸多港口,形成发达的内河集疏运系统。标准化的内河集装箱船频繁往返于欧洲腹地和汉堡港之间,进一步强化了汉堡港物流枢纽的功能。

同样,鹿特丹港与安特卫普港的公路、水路和铁路集疏运系统均比较完善。例如鹿特丹港的海运货物可以在24h内,通过集疏运系统到达法国、德国、英国和比利时等欧洲主要国家。安特卫普港则拥有大规模的铁路枢纽站,依托其优越的地理位置,充分实现货物的中转和分拨功能。目前,安特卫普港的国际中转货占据港口货物总量的90%以上,已成为名副其实的国际货物仓储和分拨中心。

(4)码头建设

以跨境交通网络(TEN-T)为契机的欧洲港口进入新的建设期。2013年上半年,欧盟委员会认为遍布欧洲的1200余个大小港口面临三大挑战,分别是不断增长的货量(至2030年欧盟港口总处理量将增加50%)、日益升级的船舶吨位和欧洲各港口间的性能差异。因此,为改善欧洲不平衡的交通现状、提升运输通畅性,欧盟将加快推进欧洲跨境交通网络(TEN-T)的建设,港口作为多式联运的中心节点,将成为建设的重要核心。

在欧盟委员会的资助下,南欧港口和一批液化天然气(LNG)码头率先成为TEN-T建设的受益者。LNG作为环保型能源用于船舶和生产企业的需求不断上升,因而LNG码头成为欧洲海运网络的重要组成部分。从具体扶持政策看,瑞典哥德堡港与荷兰鹿特丹港在LNG码头的建设中,欧盟资助3.52亿欧元;安特卫普港为驳船提供动力的LNG项目也获得欧盟委员会的港口发展津贴;希腊的比雷埃夫斯港获得欧盟委员会提供的1.14亿欧元用于港口扩建。同时,欧盟委员会也鼓励私有资本参加TEN-T各节点的港口扩建计划。

欧洲对海运具有较高的依赖性,其74%的进出口货物和37%的内部贸易是通过港口完成的。然而,仅仅依靠鹿特丹、汉堡、安特卫普等港口负责对外贸易还不能满足发展需求,在海陆运距和港口拥堵方面仍面临很多挑战。为此,欧盟积极为TEN-T通道所覆盖的港口(尤其是83个核心港口)筹措建设资金,通过扩大港口收费的自由度、欧洲建设基金的直接投资、加大银行放贷款等方式支持港口的升级改造。TEN-T网络中港口升级动因如图2-4所示。

2.2.3 功能拓展:港口从运输节点向现代物流枢纽转变

现代港口是综合运输体系中重要的物流节点,是铁路、公路、水路的交汇点。现代港口的功能不再以传统的水路货物运输、装卸为主,港口运作范畴和服务功能在不断扩大和延伸。

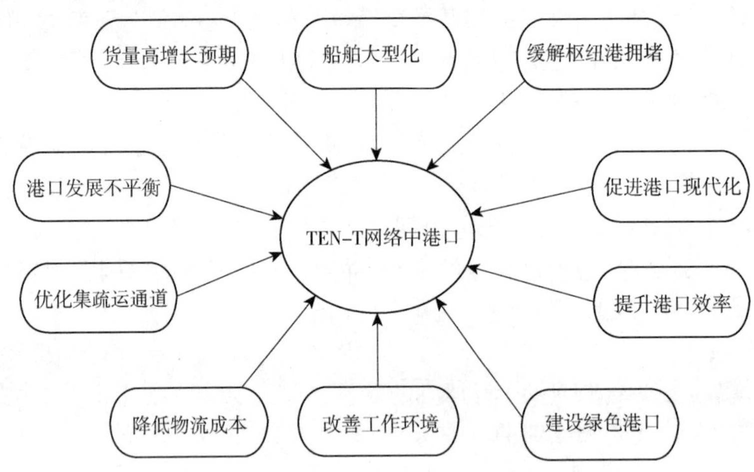

图 2-4　TEN-T 网络中港口升级动因

联合国贸易与发展会议在《第三代港口市场和挑战》中指出:"港口作为海运转为其他运输方式的必要过渡点的作用正逐渐减弱,作为组织外贸的战略要点的作用日益增强,成为综合运输链当中的一个主要环节,是有关区域经济和产业发展的支柱,是国家贸易的物流总站"。世界典型港口已经从传统的"运输中心"转变为"国际物流中心"。在这一发展过程中,各港口地区根据自身交通区位条件、区域经济环境特点,运用现代物流管理方法,通过有计划、有目标的发展,形成一个以港口所在地区及辐射更广泛区域为服务范畴的综合物流服务网络,以实现港口物流服务功能的转变。

欧洲港口物流化的过程比较早,在这一方面积累了很多成功的经验。例如,世界最大的内河港口——德国杜伊斯堡港,在港口的建设过程中,根据经济形势的变化,不断调整港口的功能,由最初的散货港发展到现在以集装箱运输为主的综合性物流中心。而且,该港口不断完善物流功能,大力发展临港物流产业,引进了众多国际知名的物流企业加入。同时,买下了在港口南部的原克虏伯钢铁厂的厂区并将其建设成为现代化物流园区。目前,该物流园区已经发展为德国境内具有国际水平的物流枢纽。

港口功能的转变对于港口的发展具有深远的影响,在欧洲,港口的经营和管理已经深刻地留下物流的印记,港口的物流化也成为港口功能转变过程中的一大特征。

2.2.4　科技创新——科技进步促进港口现代化进程

欧洲港口在运用科学技术提升港口效率方面取得了很大成绩。从荷兰鹿特丹港的ECT集装箱码头到德国汉堡港的CTA集装箱码头,高科技带来的高效率诠释着"科技是第一生产力"的真理。

在德国汉堡港的CTA码头,由码头前沿到堆场的集装箱的运送均由无人驾驶的自动导向运输车来操作,堆场上的集装箱由数控龙门式起重机自动装卸。外来运输的集卡驾驶员只需要通过电子刷卡即可输入货物装载信息,并可通过自动化装卸系统实现货物的装卸作业。高科技作业手段在码头生产中起到了至关重要的作用,在鹿特丹的ECT码头,由于装卸和运输设备先进,自动化和机械化程度高,整个港区几乎看不见码头工人。

欧洲各港口都具有完善的EDI信息交换系统。码头的生产作业与外贸、海关、商检之间的信息能够及时互通,通过计算机即可完成货物信息的整个作业过程。例如,德国汉堡港的海运EDI中心的应用系统包括:货代使用的单证系统、理货使用的单证系统、海关信息系统、船舶信息系统、危险品信息系统、集装箱管理系统,基本覆盖了与港口物流有关的所有业务。荷兰鹿特丹港使用的EDI系统被称为国际运输信息系统,是荷兰为满足贸易和运输需求而开发的EDI服务系统,能为用户提供一套覆盖杂货运输流程的完整EDI标准信息,所有贸易和运输环节中的用户都可以很方便地应用INTIS网络。

纵观欧洲的先进港口可以看出,港口生产与港口物流通过高科技手段合理衔接,可极大程度的解放生产力,提高港口运营效率。

2.2.5 港城[1]关系——港口与临港工业、腹地经济的互动协调发展

港口经济活动涉及的经济领域广泛,产业类别繁多,对国民经济的贡献很大。当前,在国际贸易大规模发展的态势下,港口作为水路运输与其他运输方式衔接的枢纽,对经济的贡献作用不断增强。欧洲港口的发展,十分重视以港口物流为基础的临港工业的发展,坚持把港口发展与腹地工业发展相结合。一方面港口物流能为工业提供专业高效的物流服务,提高工业发展水平,带动整个区域经济的发展,实现港兴城兴;另一方面腹地工业和城市的发展繁荣又会进一步促进港口的发展和经营效益的提高。

以鹿特丹港为例,港口工业已成为鹿特丹港经营的重要组成部分,约有50%的增加值源自港口工业,港口工业雇员高达2万人。鹿特丹港是世界三大炼油基地之一,也是重要的化工工业基地,全球著名的炼油及化工企业如壳牌、埃索、科威特石油、阿克索诺贝尔、伊斯特曼等都在鹿特丹港设点立足。另外,食品工业在鹿特

[1] 泛指港口所在城市及腹地辐射区域。

丹港也占据重要地位,食品贸易、存储、加工以及运输公司全部集中于港区,联合利华、可口可乐等世界食品巨头聚集于此。对于欧洲内陆的各大超市来说,鹿特丹港已成为他们设在海边的物流配送中心,为其提供稳定、及时的货源。鹿特丹港对区域经济的带动作用极大,已成为鹿特丹地区发展现代服务业、提升城市综合功能的重要依托,甚至成为荷兰的经济枢纽。据统计,鹿特丹港及相关辅助产业对经济的贡献占荷兰 GDP 的 12%,占当地城市 GDP 的 40%。临港工业不仅丰富了市场,而且对原材料的需求直接带动了腹地经济的发展。既有利于优化港口城市的工业布局,加速城市化进程,还可以结合创办保税仓库等,建立以港口为主体的出口加工区,促进临港经济发展。

再以安特卫普港为例,安特卫普港临港化工集群和钢铁集群地位突出,拥有着欧洲最大、最多样化的临港化工集群,涵盖整个化工产业价值链,港口、工业和配送体系同步并进,形成了高度整合的临港化工物流体系。该港作为欧洲工业物流集疏中心之一,充分发挥其有效降低物流成本的优势,先后吸纳近 30 多家世界级石化公司和汽车配件厂、拖拉机部件制造厂在此设址经营。该港已成为比利时第二大工业中心,建有炼油、钢铁、石化、有色冶炼、汽车装配和船舶修理等各项工业。整个工业开发区占地面积约 36.74km^2,约占港区总面积的 31%。目前,安特卫普港已成为欧洲最大,仅次于休斯敦的世界第二大石化工业中心,享有“斯得尔河上的休斯敦”之美誉。港口为临港工业的发展带来了便利,工业的发展为港口的发展带来了稳定的货源。据统计,安特卫普港海运量约四分之一来自于港区工业,如果把港区工业所吸引的各种运输方式的运输量统计在内,每年超过 1.15 亿 t。

2.2.6 合作联盟——港口(群)间开展多元化合作提升港口综合竞争力

2012 年在全球范围内开展深入合作或签订友好协议的港口企业不断涌现,各大洲、各个国家采用不同的合作形式,并作为一种资源纳入港口的经营管理中,如表 2-7 所示。通过合作不仅为各国贸易往来开辟了新兴的运输通道,而且随着港口间合作的不断深入,在提高整个海上运输及港口作业服务质量的同时,商贸、航运、港口及临港工业等相关产业将实现互惠互利、多方共赢的目标。借鉴国外发达港口的发展先进经验,从港口间对立的激烈竞争转变为统筹布局、密切合作、功能错位、共赢发展,将条件禀赋良好的港口发展成为大型中心枢纽港,而其他周边港口可以逐渐发展成为与之相协调的支线港、配套港、专业港、分流港等,在功能上实现明确分工,互惠共赢。

2012 年全球主要合作港口、合作形式及合作内容情况表 表 2-7

序号	国家	合作港口	合作形式	合作内容
1	中国	唐山港	缔结友好港口	在港口规划建设、经营管理等方面进行探讨,并开通集装箱、杂货班轮航线
	韩国	京仁港		
2	中国	天津港	签署战略合作协议	合作分享管理经验,联手拓展集装箱航运市场
	新加坡	新加坡港		
3	希腊	比雷埃夫斯港	签署合作备忘录	重在加强基础设施建设与人才培养以及可持续发展
	意大利	阿普里亚港		
4	比利时	安特卫普港	缔结长期的战略伙伴关系	将在培训及咨询服务,港口规划,物流和提高码头生产效率方面建立互惠互利的合作关系
	印度	印度港口公司		
5	中国	青岛港	结为友好港	将共同改善东北亚物流系统、拓宽信息渠道、发展低碳环保运输体系
	韩国	釜山港		
6	中国	深圳港	缔结友好港口	加强技术科技交流,港口绿色环保方面的发展
	瑞典	马尔默港		
7	中国	江阴港	签署战略合作备忘录	在航运、物流方面的深化合作将为南北货对流开辟经济便捷的物流通道
		丹东港		
8	中国	嘉兴港	签订集装箱海河联运合作协议	两港的海河联动将有效拓展其辐射范围
		杭州港		
9	中国	泸州港	签订业务合作协议	开辟水路运输航线,推进现有设备装备标准化进程和技术进步
		武汉港		
10	中国	厦门港	签署便利通关联动发展备忘录	将有效提升进出口货物的物流效率,降低物流成本
		国检晋江陆地港		
11	中国	城陵矶港	签署合作意向书	致力于发展港埠物流产业,更新港区仓储设施扩大营运范围
		基隆港		
12	中国	虎门港	签署合作意向书	加强港口建设,创造良好通航环境
		台湾港务公司		
13	荷兰	穆尔代克港	签署合作协议	在市场发展、环境保护、可持续发展以及航运管理方面展开合作,创造价值
		鹿特丹港		

来源:全球港口发展季度分析报告。

当前,多元化合作使得港口综合竞争力不断增强。随着经济全球化步伐不断加快,国际贸易的频繁往来使得全球港口之间的关联日渐跨越空间上的距离,全方位的合作将实现港口间的零距离。其中,资讯与经验的共享、航线运输量的增加以及货物流转速度的加快都成为港口间合作逐步深入的主要动因。同时,全球经济与运量增速放缓也促使港口间合作与共谋发展的需求变得更为迫切。

2.2.7 发展导向——绿色环保、可持续发展的广泛应用

可持续发展已成为当前资源环境制约条件下全球发展的必然趋势和迫切要求。交通运输业作为与资源占用和环境保护密切相关的行业,在资源节约、环境友好发展中扮演了重要的角色,必须采取切实有效的措施,实现行业的可持续发展。港口的可持续性是港口长期发展的强有力支撑,是港口科学发展的重要保障。从欧美典型港口发展的特征和趋势来看,绿色环保、可持续是未来港口发展的一个重要趋势。

欧美港口可持续发展贯彻始终。即使欧美地区受政策危机持续影响,其对港口绿色环保、科技创新的资金投入并未取消,尤其鹿特丹、汉堡、安特卫普、长滩等港口在可持续发展方面表现更为突出。比如,鹿特丹港务局通过多种措施,鼓励港口企业提高生产效率,使用清洁能源,限制港口的碳排放。并在港口规划中明确提出到2025年前,实现鹿特丹港排放二氧化碳减半的目标。同样,安特卫普港密切参与各种绿色贸易通道项目,围绕特定货种达成海关双边协议。促使货物流动履行最低限度的检查和海关手续,从而大幅度节约物流时间和成本。欧洲港口堪称全球绿色港口的典范,欧盟将耗资28亿美元在其主要港口中推行LNG燃料站计划,要求未来船舶必须使用清洁能源,波罗的海、北海及运河地区严格遵循燃油排放含硫标准,以减少排放污染。

专栏2-3 英国运输部公布了《港口规划政策声明》,更加重视港口的可持续发展

新时期,英国运输部更加重视交通的可持续发展。2012年1月正式公布《港口规划政策声明》,指导全国港口规划项目的申报和审核。《港口规划政策声明》属于规划体系的组成部分,用于处理全国重大基础设施提案,为新的港口发展规划提供一个决策的框架,为项目申请者提供明确的规范要求。该政策声明明确表达了政府对港口规划的评价考核要素、政府对港口发展的定位。从这份政策声明中可以看到英国政府对新建工程在经济、效益、环境、生物、气候等的思考角度,获知英国在引领低碳、绿色交通,维护生态、保护历史等方面的治理理念。

国家港口政策方面,政府重点关注以下三个方面:

(1)鼓励港口可持续发展,打造能满足海运运量的长期增长需求、并

具有竞争力的、高效的港口产业，及时地为进出口货运商提供具有成本效益的港口服务，支持经济的长期发展与繁荣。

(2)政府有权对新的发展提案的实施时间、实施地点进行裁决，这些提案由港口产业部门或港口开发者在自由竞争环境下出于商业需求的考虑而提出。

(3)确保所有发展提案都符合如欧洲指南等有关国家法规在内的相关法律、环境和社会限制及其发展目标。

该政策的目的是使政府能够承担起它的外部性义务，同时也要求港口产业部门有能力通过这种方式应对发展需求。此外，为了满足可持续发展方面的要求，新的港口基础设施同时还应当注重以下几个方面的要求：

(1)有助于当地就业、重建和发展；

(2)确保竞争性、供应的安全性；

(3)保护、保持海洋以及地区生物的多样性；

(4)减少港口相关的温室气体排放；

(5)提供功能完善、环境友好的优良港口设计；

(6)有效应对气候变化的影响；

(7)减少对未开发土地的使用；

(8)高标准地保护自然环境；

(9)确保自然遗产周边环境的维护，如果有必要的话进行相应的改善；

(10)改善港口集疏运通道，提高港口在创造就业、提供服务方面的能力，改善与港口相关的其他社会关系，包括弱势群体。

该声明明确提出了港口发展的目标，指明了港口的发展方向：

(1)成为经济发展的引擎；

(2)提供更为有效的运输、更加低廉的外部成本，支持交通可持续发展；

(3)提供更多的可再生能源发展空间，支持可持续发展。

该政策除了优先考虑政府支持经济发展需求外，还充分考虑了政府对有关气候变化等方面的广泛政策导向。包括减轻气候变化影响以及应对气候变化的政策等。政府主要通过优秀的港口环境设计来鉴别港口发展可能带来的贡献，以及确定港口发展在整个物流链中的地位等来制定相关的环境影响政策。有关国内外海运和陆地运输将遵守其他政策措施内容，这些政策比规划发展决策的内容更具体、更有针对性。

美国运输部在发展中秉承人人参与的理念,要求运输部所有人员将可持续发展理念融入实际工作中去,减少能源消耗,保护环境。运输部采取了一系列措施来减少能源消耗、改善环境质量、改进运输系统、促使运输系统的现代化,刺激经济的增长。包括:投资高铁以及航空领域新一代卫星技术;对汽车和载货汽车执行新的能源经济标准;资助一体化的、高效的多式联运系统;提供多种运输选择;资助清洁公交车的发展;发展海上高速公路。

2012 年美国运输部发布了《可持续发展绩效战略计划》,提出交通运输发展的战略目标之一是"高性能可持续设计、绿色建筑和区域规划"。在新建的和已有的交通设施重大改造项目建设中,要求建设可持续建筑物,使之满足可再生能源、温室气体等方面的要求。加强建设管理,制定选址、设计、施工等环节中需要遵循的环境可持续发展原则,采用绿色环保的产品、材料和设备,优化部门不动产投资组合效能,注重与地方及区域规划的衔接和协调等。

2.2.8 对外开放——区[1]港联动,自由化加速

自由贸易区在促进国际分工和国际交换的扩大和加深的同时,又在加速实现市场全球化的过程中充当着加速器的角色。所谓自由贸易区是指在某一国家或地区境内设立的实行优惠税收和特殊监管政策的小块特定区域,类似于世界海关组织的前身——海关合作理事会所解释的"自由区"。该组织 1973 年订立的《京都公约》提到:"自由区(Free Zone)是指缔约方境内的一部分、进入这一部分的任何货物,就进口税费而言,通常视为在关境之外,并免于实施通常的海关监管措施"。自由港、自由仓库等都属于自由贸易园区的具体形式,中国部分地区所采用的经济特区、保税区、出口加工区、保税港区、经济技术开发区等特殊经济功能区都具有自由贸易区的某些特征。

目前,世界各国政府力图依托港口这个重要的门户实施区港联动建设自由贸易区和自由港区,实现自由贸易区和自由港区的现代化发展。期望通过设置自由港或自由贸易园区来提供税收优惠和财政的激励措施,吸引企业投资发展,提高技术和生产水平,增加就业机会,促进本国经济发展等。2012~2013 年根据外商直接投资(FDI)杂志评选的全球前十位最优秀自由贸易区和前五位最优秀自由贸易区,如表 2-8、表 2-9 所示。

[1] 指自由贸易区、自由港区等具有税收优惠的海关特殊监管区。

评选全球前十位最优秀自由贸易区 表 2-8

排　名	自由贸易区	国　　家
1	迪拜机场自由贸易区	阿联酋
2	迪拜国际金融中心	阿联酋
3	上海外高桥保税区	中国
4	伊斯坎德尔	马来西亚
5	迪拜生物科技中心	阿联酋
6	丹吉尔自由贸易区	摩洛哥
7	文茨皮尔斯自由港	拉脱维亚
8	克拉克自由港	菲律宾
9	吉大出口加工园区	孟加拉国
10	迪拜媒体城	阿联酋

来源:FDI,Global Free Zones of the Future 2012/2013 Winners。

FDI 评选全球前五位最优秀自由港区 表 2-9

排　名	自 由 港 区	国　　家
1	丹吉尔自由贸易区	摩洛哥
2	文茨皮尔斯自由港	拉脱维亚
3	毛里求斯自由港	毛里求斯
4	哈利法·本·萨勒曼港	巴林
5	塞拉莱自由贸易区	阿曼苏丹

来源:FDI,Global Free Zones of the Future 2012/2013 Winners。

欧洲正加速自由港区现代化进程。现代化的自由贸易园区和自由港不仅要有较大的规模,同时该特殊区域要能满足多样化、专业化的需求,充实自由港和自由贸易园区的功能,使得赋予特殊功能的特殊区域能够满足任何类型的贸易企业的专业化需求。欧洲自由贸易园区及自由港区的发展早于亚、非、拉等地区,且一直以来东欧以及西欧地区的自由港区由于具有发达的运输网络和较高的效率使得贸易、物流公司在布局其物流网络时纷纷落户。近些年欧洲地区部分自由港区和自由贸易园区已开始着手升级,意大利的里雅斯特港区 2012 年增加交通基础设施的投资力度,通过颁布港口金融自主权和特定区域免税政策来扩展目前自由贸易区的功能,增加优惠幅度,吸引更多远东地区的贸易企业来港设立其在欧洲的贸易基地,从而提升与鹿特丹港、汉堡港等港口的竞争能力。

第3章　周边典型港口发展动态及对我国港口发展的影响分析

3.1　周边国家和地区典型港口发展动态

3.1.1　新加坡港口发展动态

1)港口发展与规划态势

新加坡是一个因港而兴的国家,目前已成为亚太地区重要的国际贸易、国际金融和国际航运中心。新加坡港位于新加坡的南部沿海,是连接亚洲、欧洲、非洲和大洋洲的海上枢纽,是东南亚的重要门户,被称之为"东方十字路口"。从地理位置来看,新加坡港位居马六甲海峡,处于太平洋和印度洋间贸易主干航道的要冲,腹地辐射范围遍及东南亚诸港,地理条件得天独厚,软硬件条件发展成熟。自13世纪开始便是国际贸易港口,目前已发展成为国际著名的转口港,是全球最繁忙的港口之一。

从1996年开始,新加坡开始改革港口管理体制,把港口的管理和经营职能分开。设立新加坡海事及港务管理局(MPA),负责港口管理;设立新加坡国际港务集团(PSA),负责港口生产和经营,对集团进行股份制改革和私有化。同时,为了适应经济全球化和国际化的要求,按照全球供应链管理模式,进行口岸作业流程再造,积极推动现代物流业的发展。在2013年5月举行的"第27届亚洲货运业及供应链奖"颁奖典礼上,新加坡海港第25次荣膺"亚洲最佳海港"的称号,同时,新加坡国际港务集团第8次被评为"全球最佳集装箱码头经营者",而港务集团新加坡码头则第24次获得"亚洲最佳集装箱码头经营者"(每年400万TEU以上)的称号。

新加坡港是一个优良的深水港,是世界位居前列的集装箱枢纽港之一。港口拥有57个泊位,码头总长度17350m,总面积710hm^2,最大水深18m,共有岸边起重机212台,设计容量4万TEU。

2015年,新加坡港货物吞吐量达到5.76亿t,集装箱吞吐量达到3092.23万

TEU,干散货吞吐量为 1.82 亿 t,液散货吞吐量为 1.96 亿 t,如表 3-1 所示。

2010~2015 年新加坡港港口分货种吞吐量 表 3-1

年度	货物总吞吐量(亿 t)	增长率(%)	集装箱(万 TEU)	液散货(亿 t)	干散货(亿 t)
2010	5.04	6.57	2843.11	1.78	1.26
2011	5.32	5.53	2993.77	1.84	1.18
2012	5.39	1.29	3164.94	1.70	1.48
2013	5.61	4.08	3257.87	1.80	1.53
2014	5.81	3.57	3386.93	1.82	1.52
2015	5.76	−0.86	3092.23	1.96	1.82

来源:新加坡港务局及相关资料整理。

新加坡港侧重于吸引中转货物及其市场开发。国际中转业务的开展需要高密度班轮航线、高效的基础设施以及低成本的运营为基础。据不完全估计,新加坡港的集装箱吞吐量中超过 80%是国际中转箱,全球每 5 个中转箱中,就有 1 个是由新加坡码头处理的,堪称世界上最繁忙的港口;在航线密度上,它与世界上 130 多个国家和地区的 600 多个港口建立了业务联系,每周有 430 个航班发往世界各地,为货主提供多种选择航线,有如此高密度、全方位的班轮航线作保证,需要中转的集装箱到港后很快会转到下一个航班并运往目的地,大部分集装箱在港堆存时间为 3~5 天,其中 20%集装箱堆存时间仅为 1 天。而新加坡作为国际集装箱中转中心,极大地提高了全球集装箱运输系统的整体效能,成为国际航运网络中不可或缺的重要组成部分。

专栏 3-1 新加坡港致力于维持第一大中转港的地位

作为全球最大的中转港,新加坡正致力于维持这一雄霸地位。

罗兰·贝格管理咨询公司的东南亚地区项目经理 Truong Bui 认为,新加坡港之所以能雄踞全球第一大中转港的位置,其原因主要有以下几个方面:拥有完善的基础设施,同时能根据地区需要而不断优化;拥有发达的支线网络,用以连接亚洲、欧洲、拉丁美洲和非洲,是亚洲其他港口无法比拟的。新加坡港深刻认识到支线网络对于中转港的重要性,因而不断优化其支线网络的效率,完善其支线网络。此外,新加坡政府的大力支持也是非常重要的因素,政府不断给予政策支持。根据 Bui 预测,新加坡 70%~80%的中转量来源于亚欧航贸,其中 60%的中转量来自东南亚地区。然而Bui认为,亚洲区内航贸并不是决定新加坡港中转量的关键因素。更关注欧洲经济的发展,因为欧洲航线的中转量占据新加坡中转量的主要部分。欧洲经济向好对新加坡港来说至关重要。

同时,航运联盟的组建也将直接影响新加坡港的中转量。由马士基航运、地中海航运和达飞轮船组建的P3联盟一旦获批,该联盟将重组P3服务网络,部署超大型船舶如1.8万TEU集装箱船于亚欧航线上,同时限制P3网络的港口数量,这在一定程度上将给新加坡港带来冲击。

P3联盟计划将部分航线转移至马来西亚的丹戎佩拉帕斯港,这对于巴生港和新加坡港都不利。此外,其他航运联盟也可能采取类似的策略。

短期看,新加坡港的中转量将维持一位数的增长,约为4%~5%。中期来看,该港的中转量将取决于欧洲以及美国经济的复苏。

新加坡港坚持不断提升港口竞争力,这使得新加坡港在这方面不落后于该地区的其他港口,如马来西亚的巴生港和印度尼西亚的丹戎不碌港,这两港正致力于谋求快速增长。

新加坡港正进行Pasir Panjang码头第3期及第4期的开发,以满足集装箱班轮公司的需求,确保稳固新加坡第一大中转港的地位。同时,新加坡正致力于整合大士港的港口经营模式,整合后克服新加坡港港区土地面积缺乏以及码头岸线不足的劣势。按照计划,大士港第一座码头将在十年内初步建成,预计完成后的港口吞吐量高达6500万TEU。

新加坡海事及港务管理局指出,他们对港口的未来发展有明确的方向,整合一个港区的集装箱码头运营是十分明智的,不仅能提高港口经营效率,同时能实现规模经济的最大化。

除了海运,新加坡港还在空运、炼油、船舶修造等方面具备产业优势。利用这些优势条件,依托集装箱国际中转,衍生出了许多附加功能和业务,丰富和提高了新加坡港作为国际航运中心的综合服务功能。随着港口的快速发展,物流业成为新加坡经济的重要组成部分,新加坡的运输和物流产业产值达127亿新币,占全国GDP总量的9.4%,物流企业9000多家,从业人员约18万人。

专栏3-2 新加坡港港口功能拓展的特色产业

1)国际箱管和租赁中心

发达的集装箱国际中转业务,吸引了许多船公司把新加坡港作为集装箱管理和调配基地,形成了一个国际性的集装箱管理与租赁服务市场。例如,某船公司把所经营的集装箱已全部装运了货物,客户又有新的货物装运需求,而该船公司却没有足够空箱可以提供,又不能及时租赁到空箱,业务就转到其他船公司了。而在新加坡港,因大量船公司在此中转,吸引了众多集装箱管理、租赁、维修等公司经营并逐步形成规模化市场,船公司可以及时租赁到价格合理的空箱及选择与集装箱相关的服务。

2)空港联运中心

空港联运是新加坡的海港与空港合作开展的一项增值业务,是指通过海运和空运的配合与衔接,有效利用两种运输方式的优点,满足用户的特殊需求。事实上,空港联运本身并没有给新加坡带来可观的箱量和收入,但它弥补了部分特殊需求的客户群体市场,如时效性极强、大型的高附加值货物运输,这种类似应急的服务,极大地提升了客户对新加坡港的信任度和新加坡作为国际型港口的知名度,从长远来看可能会为新加坡港带来丰厚的回报。

3)船舶换装及修造中心

新加坡港拥有一个40万t级的巨型旱船坞和两个30万t级的旱船坞,能够同时修理的船舶总吨位超过200万t,是亚洲最大的修船基地之一。在为船舶提供维修服务的同时,新加坡港还提供国际船舶换装与修造一体化的服务。需要检修的船舶往往满载货物从其他港口驶往新加坡,再将船上的货物在新加坡港换装到其他船舶上,就近在新加坡进行维修,节省了成本,方便了船东,也为新加坡的修船业带来了更多的生意。

4)船舶燃料供应中心

新加坡是世界第三大炼油中心。世界排名前列的Shell、Exon Mobil、BP等石油公司均把新加坡港作为石油提炼和仓储基地。产业的规模效应使得船用成品油的价格相对较低,加上新加坡是位于国际航线的要冲,新加坡港已成为国际船舶燃料供应中心。往返欧亚航线的船舶大部分选择在新加坡港或鹿特丹港加油。据统计,2012年新加坡船用燃油销售量为4270万t,位居世界第一。

为应对中国和印度等国家港口的崛起,新加坡提出了"知识型产业枢纽",制造业向上游产业延伸,重点发展上游的产品设计和研发。同时倡导以知识为主的制造业和服务业,发展科技和创意产业,不断扩大港口的经济腹地。

2013年8月新加坡总理李显龙提出,"在未来若干年将新加坡港口年吞吐量提高两倍"。新加坡计划在2027年将目前的转运港搬至西部的大士,大士靠近新加坡的工业中心,港口年吞吐量高达6500万TEU,几乎是现有新加坡国际港务集团吞吐能力(3500万TEU)的两倍。大士码头的一些新建泊位有望在2022年建成。港口建设的累积成本将达到80亿美元,而该计划将为新加坡经济带来5%的增长速度。

专栏3-3　新一代集装箱港口NGCP

为了在有限的土地上提高单位资源的生产率以及更高效处理超大型集装箱的船舶能力,2012年新加坡海事及港务管理局提出了"下一代集装箱码头(The Next Generation Container port,NGCP)"项目,该项目旨在向全世界征集能够实现下一代集装箱港口在规划、设计和运营方面变革的方案,使得港口生产率和效率实现飞跃式发展,从而促进航运业向更经济、环保和可持续的方向发展。

该项目要求在给定的十分有限的区域范围内(岸线不超过6km,陆域面积不超过$2.5km^2$,陆域和水域面积总计不超过$7.5km^2$)设计出十年后的新一代创新型集装箱港口,给定的港口区域不仅要包括码头前沿的装卸区域还要包括货物流转的空间,但可不考虑支持型的服务,在该空间内每年至少可处理集装箱量超过2000万TEU。从目前全球港口的运作方式来看,这个要求似乎不可能完成,对集装箱港口从装卸到后方的物流运作乃至集疏运体系都提出了巨大挑战,但若成功,对于提高效率、减少碳排放、提高资源利用率都具有重大意义。

2)与周边港口竞争合作关系

(1)与周边港口的竞争

南亚港口间的竞争非常激烈,其中,新加坡港口和马来西亚港口之间存在着激烈的竞争关系。长期以来,马来西亚一直致力于开展港口扩建、配置新设备、提升港口能力等级等,以增强和提升其在亚洲港口转运中的地位和作用;马来西亚港口通过降低港口使用费等,吸引新加坡的长期客户,争取到原本是新加坡港务公司的两个大客户——隶属于丹麦A.P.Moller集团的马士基海事公司和长荣海运公司(台湾规模最大的船运公司)。

(2)与其他港口的合作

新加坡港实施域外经营战略。新加坡通过港口体制改革强化港务集团的作用,赋予其域外投资经营权,并配合国家区域发展战略,在金砖四国—中国、印度、俄罗斯、巴西,建设异国"飞地"工业园区,在全球范围内抢占集装箱运输市场,并且股权形式将港口整合的范围拓展至全球,积极拓展离岸合作,如表3-2所示。

新加坡海事及港务管理局以股权形式合作的港口　　表 3-2

地　区	主要港口
东南亚	新加坡港、林查班港、头顿港
北欧	安特卫普港、泽布吕赫港、鹿特丹港、大雅茅斯港、锡尼什港
美洲	巴拿马国际码头、布宜诺斯艾利斯港
东北亚	大连港、天津港、中国香港港,广州、福州、东莞集装箱码头、仁川港、釜山港、北九州港
地中海	威尼斯港、热那亚沃尔特里港、梅尔辛港
南亚	瓜达尔港、坎德拉港、加尔各答港、哈兹拉港、金奈港、杜蒂格林港

3)港口与腹地协调发展经验

(1)以全球视野定位发展方向,实施“走出去”战略

新加坡是一个小国岛国,没有资源,受其地理因素的限制,在本土很难实现持续高速发展,为满足自身经营的需要,新加坡政府实施全球化投资发展模式,积极地“走出去”,开拓新的市场。新加坡的发展先后跨越劳动密集型、资金密集型和技术密集型,进入知识密集型和创新驱动阶段,集中发展总部经济和新兴产业,全球 7000 多家跨国企业中有 4000 多家在新加坡设立了全球或区域总部。这些跨国公司为新加坡带来了货物的大进大出,推动了港口的发展,实现了以发展“总部经济”推动全国经济快速增长的目标。目前新加坡港的全球化网络经营已经取得了巨大成功。新加坡国际港务集团在全球各地拥有优质的服务和完善的港口设施,具有很高的中转及运营效率。加之与航运公司关系稳定,全球网络化经营的货源得到了充分保障。

(2)不断提升物流服务的专业性和集聚性

新加坡港口物流产业具有极高的专业化和社会化程度,很多物流企业的存在本身是专为港口提供唯一的、全方位的物流服务,或者是为各个港口提供某一环节、某一专项领域的物流服务。而提供这些专项服务的物流企业,无论是综合服务商,还是专业服务商,都习惯于量身定做并予以诚信服务,其运营的出发点就是要满足不同港口、不同客户的不同需求。物流公司愿意与客户共同研究,选择一种或几种低成本的理想服务,他们为客户提供服务的广泛、精细程度居世界领先地位。另外,在集聚程度上,新加坡港口物流通道也别具一格。新加坡的很多港口附近均设有自由贸易区(保税区)或物流园区,集中提供物流服务。通常在一个区域内,就可以找到运输、仓储和配送等服务环节的专业物流商,如巴西班让(Pasir Panjang)港口附近的物流园区,吸引了数十家大型物流公司进驻,集聚效应明显。

专业化、高集聚性的物流服务得益于新加坡港集聚的强大的港口物流企业群体。截至 2011 年初,全球前 25 强的跨国物流企业中,已有 17 家选择了新加坡作为总部或地区总部的国家,这些全球实力雄厚的物流企业的发展已经融入新加坡国家发展战略之中,并呈现不断扩张之势。

(3)大力发展集装箱业务,拓展集装箱物流链

以集装箱作为港口核心业务是第四代港口的特征之一,新加坡港务集团的经营理念顺应了这一发展要求,通过逐步改建和新建集装箱专用码头,实施积极的集装箱中转政策,并与政府当局和相关行业紧密协作,使得新加坡港得到快速发展,逐步成为东南亚集装箱国际中转中心。

(4)实行"自由港"政策,吸引航运公司结盟

新加坡实施灵活的自由港政策和系统的航运优惠措施。新加坡与世界许多国家签订了自由贸易协定,包括美国、日本、加拿大等国家以及中东地区国家,大约 95%的国外货物可以自由进入新加坡。新加坡的自由港政策主要包括实行自由通航、自由贸易,允许境外货物、资金自由进出,对大部分货物免征关税,对中转货物提供减免仓储费、装卸搬运费和货物管理费等多种优惠政策。这些政策极大地方便了货物的流通,为货主节省了贸易成本,促进了集装箱国际中转业务的发展,提升了新加坡的国际竞争力,使新加坡在国际航运、贸易和金融业务中发挥更大的作用。

为了凸显其在亚太地区的经济和航运中心地位,新加坡不断推出各类优惠政策,吸引企业落户新加坡,尤其加大对航运企业的优惠政策力度。在新加坡政府公布的 2011 年财政预算案中,保留现有对船舶管理公司、船务代理、船舶经纪和货运衍生品经纪的税务优惠基础之上,进一步增加对航运业的税务支持,包括将商品及服务税的零税率范围扩大至船舶零部件维修及保养行业,并确立买船或者造船租赁利息豁免预扣所得税措施。2013 年又调整港口税结构,以提高海港的竞争力。在这种结构下,多达 83%靠岸的船只缴付较低的港口税,大约 10%的靠岸船只缴付的港口税基本不变,而剩余 7%的船只(大部分为长期靠岸)则支付更高的港口税。新加坡历年推出的有关吸引航运相关企业的优惠政策还包括核准国际船务企业计划、核准船务物流企业计划、海事金融优惠计划、新交所亚洲结算行和船舶注册登记制度等。

(5)加强信息化建设,实现资源共享

新加坡港作为国际航运中心的重要载体,通过信息化方式集合了政府职能部门、航运公司、物流企业、金融和法律服务机构等一同高效运作。其主要的信息平台是 TRADENET 和 PORTNET 两个电子信息系统。早在 1990 年,新加坡就投资建

立了全国 EDI 贸易服务网络平台,名为 TRADENET,该网络平台通过横向联合,把新加坡所有国际贸易主管机构连接到一个整体系统网络中,实现各部门之间的信息共享。通过垂直联合,目前已与5,000多家公司的管理信息系统实现联网,确保信息流的畅通。PORTNET 平台是一个国家范围内的电子商务系统,该系统连接整个航运业,包括相关政府职能部门、代理、海关、港务集团、港口用户等,并逐步向世界其他港口延伸。该平台是新加坡国际港务集团公司(PSA)旗下的信息化公司,平台使用的受益方不仅仅局限于 PSA,同时也帮助使用该平台的用户提高效益,通过对较为复杂的船公司中转业务的管理,支持在不同合作方之间的舱位交易,同时还通过系统对将码头作业过程中各种单证进行整合,为船公司和托运方提供单证数据获取接口,实现码头作业、商务等信息的及时同步,简化流程程序。目前,平台已有用户超过9,500多家,平均每年处理交易超过2.2亿宗。这样一个全社会共享的电子信息平台,使得新加坡的国际航运中心的功能得以全面有效发挥。

(6)提供专业化、柔性化的港口供应链服务

新加坡港物流专业化、社会化程度高,服务形式多样,提供包括 IT、物流、供应链解决方案和海运在内的多种增值服务。为客户提供集装箱管理服务;利用自身的 IT 技术开发虚拟仓库系统,帮助客户提高仓储的响应速度、减少成本,提升港口供应链服务效率等。

专栏3-4 新加坡欲打造亚洲 LNG 贸易中心

新加坡 LNG 集团(SLNG)2014年宣布,正在出售旗下位于裕廊岛的国内首个、东南亚最大的 LNG 终端,计划新建第二个 LNG 终端。

SLNG 执行总裁 John Ng 表示,当政府决定为该终端寻找一个运营商的时候,他们就已经做好了迎接挑战的准备。虽然新加坡政府并未透露第二个终端何时运营,但据业内人士透露,该终端将于2020年后投入使用。

John Ng 表示:“我们一直都在为打造亚洲 LNG 贸易中心做准备。如果你要问我们是否有能力设计、建造并运营这样一个大型 LNG 终端,答案显然是肯定的”。

当亚洲取代欧洲,成为全球最大的 LNG 进口市场时,新加坡敏锐地抓住了这个时机。借助自身优势和亚洲旺盛的 LNG 需求,新加坡希望将自己打造成亚洲 LNG 贸易中心。对新加坡自身来说,这也很有好处,因为这个国家90%的电力供应均来自天然气。新加坡总理李显龙2014年宣布,新加坡正在东部地区为第二个 LNG 终端选址,新终端将为新加坡

的工业和电力部门发展提供强有力的支持。

新加坡能源顾问公司分析师托尼·里根表示,SLNG最有希望成为新终端的运营商,因为他们在这方面很有经验。政府也比较熟悉这样的模式。为了管理投资超过17亿新元(约合13亿美元),位于裕廊岛的国内首个LNG终端,新加坡能源市场管理局(EMA)于2009年成立了SLNG,该终端于2013年3月正式运行。

根据国际能源署(IEA)的数据,亚洲LNG贸易量占全球总量的46%,是当之无愧全球最大市场。这为新加坡打造区域LNG贸易中心创造了良好的环境。国际LNG进口商组织数据显示,去年亚洲LNG消费量占全球总量的75%。其中,日本是去年全球最大的LNG消费国,LNG消费量达8750万t。

根据新加坡能源市场管理局透露,新终端的规模将与目前正在出售的LNG终端相近。位于裕廊岛的终端拥有3个LNG存储设备,年储量达600万t的第四个存储装置将于2017年完工,届时储量将提升至900万t。

李显龙表示,新终端将拥有7个LNG储存装置,年处理量将达到1500万t。裕廊岛LNG终端是亚洲唯一具有存储能力的终端,可以允许贸易商在销售淡季存储LNG,等到冬夏两季需求高峰来临再出售。John Ng表示,最新完工的第三个LNG存储装置将可能用于短期贸易。

EMA首席执行官表示,目前正考虑为新终端建立一个离岸工厂。"我对建造第二个LNG终端充满信心,即便是一个离岸终端"John Ng说,"我们有裕廊岛LNG终端的建造经验,所以一定能够克服新的挑战"。

对新加坡计划在东部地区建造第二个LNG终端来说,浮动储存和再气化装置(FSRU)可能是个更好的选择。而且随着技术的更新,这已经不再难以实现。FSRU使LNG货船无须停靠岸边就可以通过LNG管道将冷冻的天然气运到船上。

托尼·里根表示,FSRU不仅成本低,同时建造周期也更短,5年内就可以完成并投入使用,这将极大提升新加坡的LNG贸易能力,建造FSRU也使LNG终端选址范围更广、选址更多。

3.1.2 日本港口发展动态

1)港口发展与规划态势

(1)港口发展概况

日本《港湾法》❷将日本港口分为国际战略港口、国际基地港口和重要港口。2012年,日本港口货物总吞吐量达到22.3亿t;其中,集装箱占20%(东京、横滨、大阪、神户和名古屋五大港口的集装箱吞吐量占全国总吞吐量的80%),散货占36%(主要为铁矿石、煤炭和粮食),液体占32%(主要为原油、成品油和天然液化气)。

2012年名古屋港总吞吐量超过2亿t,连续11年保持日本第一。其中集装箱吞吐量为266万TEU,较2011年小幅增长1%;外贸集装箱吞吐量为249.25万TEU,较2011年增长0.8%,处于日本第三位;内贸集装箱吞吐量为16.27万TEU,较2011年增长7.9%。2015年名古屋港货物吞吐量为1979.80万t,其中集装箱吞吐量为262万TEU,较2011年降低4.3%。为了成为国际散货战略港口和国际产业枢纽港,名古屋港在软、硬件方面进行改造升级。比如,锅田集装箱码头3个泊位进行一体化运营,飞岛码头南侧集装箱码头引进新型AGV。锅田码头建造了紧邻现有2个泊位的国际海洋集装箱泊位,水深12m,实现了岸线总长超过1000m的3个泊位的一体化运营。

(2)港口管理体制

总体来看,日本港口采取地主港的管理模式。中央政府的国土交通省不直接管辖港口,而是将港口设施的管理权交给地方政府的港湾局。地方政府的港湾局是各个港口的管理者、建设者和出资者,建成后的公共码头被出租给私人公司使用;一部分港口周边相关土地(主要是仓储、物流用地)直接卖给私人公司,由私人公司按照港口规划进行发展建设,港湾局并不负责货主码头的管理。港口管理体制中的中央与地方政府的关系,如表3-3所示。

港口管理体制中的中央与地方政府的关系 表3-3

主管部门	中央政府 国土交通省港湾局	各个港口 港湾管理者(港湾局)
特点	1.中央政府不直接管辖港口; 2.将港口设施的管理委托给港湾管理者	1.港湾局管理港口; 2.地主型港口; 3.不得参与民间企业经营
职能	1.港口规划的审查; 2.负责港口建设费的补助; 3.负责中央政府直接投资的码头施工和管理委托; 4.对港口使用费的审批和备案	1.港口规划的拟定和实施; 2.港口设施的建设和改良; 3.港口设施的维护管理

❷日本《港湾法》于1950年制定,之后又历经数次修订,现在仍是日本港口管理的最基本法律。

(3)港口规划分类及投资建设方式

日本与港口相关的规划主要包括四类:基本构想、港湾规划、社会资本整备重点规划和一年规划。其中,最基本的港口规划是《10~15 年港湾计划》。日本港口规划分类如表 3-4 所示。

日本港口规划分类 表 3-4

规划类别	期 限	编 制 主 体	法 律 依 据
基本构想	约 30 年	地方港湾管理者	无法律依据
港湾计划	10 年		《港湾法》
社会资本整备重点计划	5 年	中央政府	《社会资本重点计划法》
一年计划	1 年	中央政府和地方港湾管理者	《港湾法》

日本港口投资建设方式分为四类:

①直辖事业:由中央政府直接管辖建设的事业,中央和地方政府共同投资,中央政府承担主要资金支持。

②补助事业:由港湾管理者直接管辖建设的事业,由中央政府和港湾管理者共同承担建设资金。

③单独事业:利用自筹资金建设、港湾管理者直接管辖建设的事业,一般为资金能回收的项目,完全由地方政府投资建设。

④起债事业:由中央政府根据港湾管理者的申请,经总务省许可使用财务省和邮政公社的贷款,由港湾管理者实施建设的项目。

根据港口规模等级的不同,中央政府对港口建设的投资比例有所不同。以名古屋港为例,它属于第二等级"国际基地港口",对于直辖事业,中央政府最多承担三分之二的投资建设费用;对于补助事业,中央政府最多承担二分之一的投资建设费用。

(4)重视港口安全和绿色环保

日本港口将港口安全放在最重要的位置。在港口,码头工人之间相互问候的第一句话是"安全第一";在码头工人所穿的工服上,也统一绣有显著的绿十字标识,时刻提醒大家要注意安全。

2007 年 9 月,日本中央环境审议会公布了低碳社会的基本理念,要实现低碳化,就要改变大量生产、大量消费、大量废弃的发展模式。通过使用节能低碳能源、提高资源有效利用率等途径,确立起二氧化碳最低排放的低碳经济社会体制。目前,日本政府高度重视通过技术开发建设低碳港口。近年来日本港口还实施了低碳物流相关政策，从汽车运输转向碳排放量少的内河航运或铁路运输，并通过采取构建港口低碳物流系统、提高物流效率等措施，使二氧化碳排放量削减了1750万t。

此外，日本还制定了强制性的法规标准，通过立法及颁布最低能效标准和碳排放标准等，推动港口低碳化。2009年12月，提出制定《气候变暖对策基本法》，明确规定从2010年起实施温室气体排放量的计算、报告、公布制度，改变以往以公司为单位的报告制度，以港口为单位，对温室气体排放量做到准确计算与报告，并向全社会公布。日本港口和航运公司都非常重视资源节约和绿色环保。日本港口大力发展港航智能运输系统（ITS）等应用技术，集中信息处理、通信、控制、电子技术等最新研究成果，应用于交通运输网络中，在相当程度上解决了信息提供、安全服务、计收费、建设港口碳排放量等问题。在名古屋港，船舶已普遍使用岸电。在横滨港，垃圾处理厂与温室大棚相连，垃圾燃烧后可以直接为温室提供热能。另外，企业也具有强烈的环保意识和社会责任感。比如，富集托拖浪司公司在造船时，严格按照ISO标准要求，控制船舶的用油量和废气排放量；公司还经常组织驾车教育培训，提高员工的驾驶汽车技术和熟练程度，甚至对作业时的汽车加速踏板和制动踏板的踩法也有严格的规定，以减少燃油废气排放。

（5）“超级枢纽港”运营模式

近来，日本采用的“超级枢纽港”运营模式，体现了第四代港口的特征，如图3-1所示。该运营模式将在运作流程上进行彻底改造，以提升港口国际竞争力。在此模式下，港口有望实现缩减30%以上的运营成本，将集装箱交货时间由原来的3~4天缩短为1天。该运营模式充分阐释了第四代港口精细化与敏捷化的生产理念。超级枢纽港模式从港口机械的统 调配到堆场作业区的一体化管理，既扩展了港口服务的范围，又有效地减少了船舶换泊、堆场移箱等非生产性搬运的作业消耗，提升了港口资源的利用效率；其次，功能集成及操作灵活也是该运营模式一大优点。海关、检验检疫等部门的入驻为货主直接提供统一的口岸服务，而先进的信息化处理平台也为货物的及时提取与准时送达提供了有效保障。此外，远洋与内支航线间的无缝衔接、IT系统支撑下的港口半自动化运营和全程监管以及港口规模效应都为码头提升服务水平、节省运营成本产生了积极的作用。

2）与周边港口竞争合作关系

（1）激烈竞争形势下国际战略集装箱枢纽港方案（ISH）的提出

航运业是日本的生命线。日本进出口海运货物总量60%以上依靠远洋班轮完成。如果日本没有足够的远洋班轮、货轮为其源源不断地输入海外原材料，同时又向世界各地输出日本制造的产品，则日本制造加工业将无法生存，日本进出口贸易

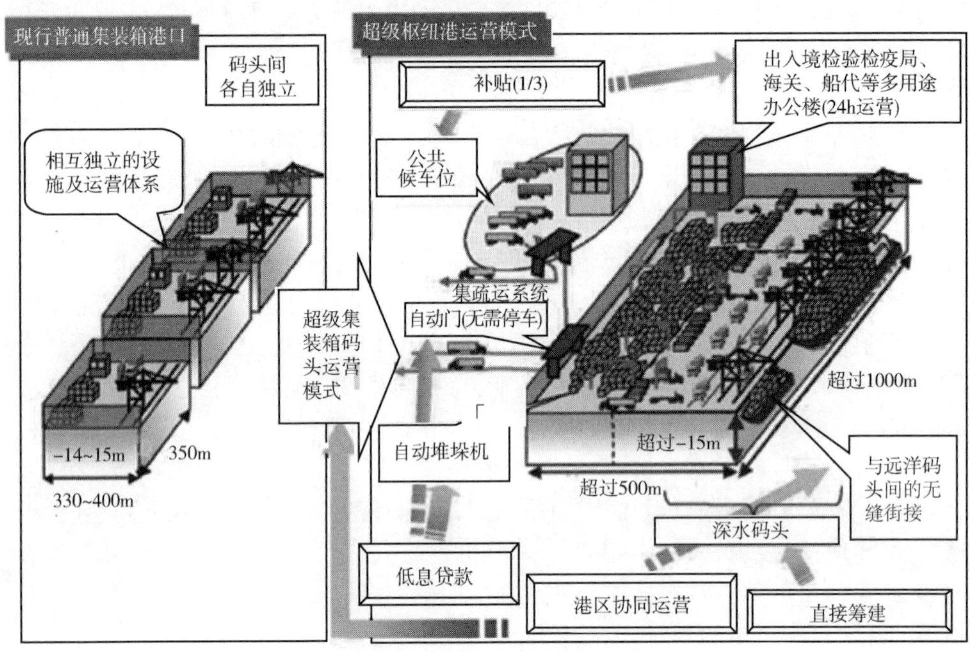

图 3-1　超级枢纽港运营模式

也将举步维艰。近年来日本港面临着周边港口的激烈竞争。2001 年以来，日本京滨地区东京、横滨以及川崎等三大集装箱港口和其他地区港口在国际市场中的地位不断滑落，原本位居世界前列的日本港口几乎全部落后于后起的上海、深圳、天津、大连和青岛等中国港口，原本挂靠日本港口的国际集装箱班轮纷纷转向中国、韩国和新加坡等亚洲港口。

为扭转这一局面，2010 年日本政府开始实施国际战略集装箱枢纽港方案（ISH），其目标：一方面，尽可能做到日本国枢纽港的集装箱转运量不外流，让日本本土的进出口贸易集装箱尽可能在日本枢纽港始发或转运，而不是在韩国釜山，也不是在中国上海等港口；另一方面，通过提高服务质量、装卸效率和实惠的港口码头费率等多种途径，努力吸引和鼓励更多的亚洲、北美、欧洲、地中海及泛亚等国际主干航线上集装箱班轮，甚至包括部分支航线上的集装箱班轮，直接改道挂靠日本主要港口，尽可能减少在邻国港口挂靠。国际战略枢纽港方案实施的主要措施包括：

①加大泊位航道疏浚力度，至少达 18m 水深，让超过 1.2 万 TEU 的巨无霸集装箱船能方便进出枢纽港口，之前日本深水港口泊位航道最大水深仅 15m。

②扩大投资，在各枢纽港建造一大批拥有现代化装卸设备的集装箱码头，进一步完善集装箱枢纽港供应链配套设施和多式联运机制。

日本还将进一步推动和扩大集装箱枢纽港的私营化步伐和实施范围，一旦被确定为ISH集装箱枢纽港中的任何一家公共港口，一律转制为私营港口。另外，日本政府还不断强化京滨地区港口全方位合作。京滨地区的东京、横滨和川崎三大港口将在集装箱运输经营管理上趋于统一，包括统一船舶进港费用。凡是进入过三个港口其中的任何两个港口的同一艘集装箱船只，再进入第三个港口时，一律享受免缴驳船费、泊位费等相关港口费用的优惠。

为确保和增加日本集装箱枢纽港箱量，ISH提出降低日本港口使用费和装卸费等费率，以吸引更多主干航线和支航线集装箱班轮进靠日本各大ISH集装箱枢纽港口。日本还将强化各大ISH集装箱枢纽港口业务相关物流功效，如延长港口出入口开放时间，缓和或消除港口通道拥塞；全面翻修、扩建和新增东京港水陆交通运输线路，凡是净空不足的港口航道大桥一律重建挑高；开发日本各大ISH集装箱枢纽港环保功能，进一步提高东京等港口安保机制的全天候紧急应变能力。

迄今被纳入ISH的日本港口有大阪、神户。被纳入的特殊港口有横滨、东京、川崎、名古屋及四日港。

(2)与周边港口合作

日本港口积极加强同周边国家港口的合作关系。中、日、韩三国每年一次的东北亚港湾局长会议，到2016年为止已经召开了17届，三国港湾局长在会上对当前港口发展情况和重大事件进行交流。自1980年日本神户市与我国天津市缔结友好城市关系以来，双方一直保持着密切的往来，并加强了两市港口之间的交流与合作。川崎汽船与我国山东海丰合作，改进了两条日本—东南亚航线，这两条航线2013年3月中旬开始运营。

同时，日本积极开展对周边港口的投资合作。2009年7月，三井公司曾赴我国秦皇岛市考察港口物流合作项目；2010年3月，日本交通运输和旅游部门还与越南交通运输部、越南航海总公司举行越南海港投资合作机会研讨会，日方拟与越南航海总公司合作投资兴建海防莱县国际港的两个集装箱码头。2012年，日本与缅甸签订协议，拟与缅甸合作建设迪罗瓦港口经济特区。

3)港口与腹地协调发展经验

日本重视港口的规划与合理布局，临港工业发达并且呈集群化发展，特别是作为日本经济发展的重要区域的东海道太平洋沿岸都市带，不但城市联动、产业协同和港口合理分工有序开展，而且形成了城市群、产业群和港口群互动与协同发展的格局，极大地推动了区域经济一体化，增强了区域和整个国家的竞争力。与此同时，日本政府面临中国、韩国诸多港口的竞争压力，也开始注重日本海沿岸的港口发展，期望通过日本海沿岸港口的拓展、集中应对以及港口间协调发展等手段发展日本海沿岸的经济和物流网络建设。纳入此规划的港口约28家，其中，日本海基地港口19家。按功能划分为综合基地港口5家，分别是：新潟港、伏木富山港、下关港、北九州港和博多港。

（1）产业分工协作，各具特色

注重培育功能完备的新产业增长极，优化产业结构与功能，构建产业地域轴，发展产业密集带。东海道太平洋沿岸都市带核心城市东京，依托发达的都市型工业和生产性服务业，发挥着政治、行政的国际、国内中枢职能以及金融、信息、科教文化的中枢职能。拥有海、港、空、港优势的神奈川地区和千叶地区成为东京大都市圈中工业和物流产业集聚地。都市带内城市各具特色，产业结构类型迥异，功能特色鲜明，在城市发展上通过扬长避短来强化地域职能分工与合作。

（2）城市功能定位明确，各有其能

东京是一个集多种功能于一身的世界综合性大城市，具有的功能包括全国的金融、管理中心以及最大的工业、商业、政治文化和交通中心。以东京为核心的"首都圈"含东京、千叶、琦玉、神奈川和茨城，功能定位确立了东京在东海道太平洋沿岸都市带中的核心地位，也确立了其作为都市带的引领者在全球经济发展中的功能定位；大阪将城市发展定位为经济、贸易、文化中心和历史文化名城，打造日本西部经济中心之一，显示了城市特色；京都注重继承城市的传统；神户则发挥交通枢纽的作用，通过交通门户和港口城市建设，构建国际化都市。与此同时，大阪、京都和神户三个城市还注重发展在地域上的经济功能（西部经济中心之一）。

（3）都市圈联动发展，相互促进

东海道太平洋沿岸都市带由东京、名古屋和大阪三大都市圈组成，各都市圈在突出特色的基础上，强化圈层产业的分工与联系。东京大都市圈的发展主要在于城市在产业和职能合理分工基础上所形成的集聚优势，从而成为重要的综合性大工业集群带和世界经济、金融、贸易中心。东京大都市圈内各港口之间的分工明确：千叶为原料输入港；横滨专攻对外贸易；东京主营内贸；川崎为企业输送原材料和制成品。以京都、大阪、神户为中心的京阪神城市圈是以消费品生产为中心的大工业地带；以名古屋为中心的名古屋城市圈是以生产纤维、陶器等传统工业为主，为重化工业区，是日本目前最大的重化工业基地。大都市圈内部发展的协同性十分明显，空间联系的高度一体化促进了经济发展上协同，并推动着区域经济的一体化。

3.1.3 韩国港口发展动态

1)港口发展与规划态势

韩国经济是典型的外向型经济,与世界上180多个国家和地区有经济贸易关系,其中中国、美国、日本是韩国三大主要贸易伙伴国。韩国以制造业和服务业为主,造船、汽车、电子、钢铁、纺织等产业的产量均进入世界前10名。该国自然资源匮乏,主要工业原料均需依赖进口。外向型经济和大量进口工业原料,为韩国港口的快速发展带来大量物流需求。

釜山港为韩国最大的港口,整个韩国都是其经济腹地。釜山港的发展首先得益于韩国经济在过去几十年的高速发展及出口导向型的经济发展战略。据韩国政府资料,自2003年以来韩国出口额连续四年保持两位数增长,2012年国家出口额达到5481亿美元,贸易顺差为285亿元,第四次贸易顺差超过250亿美元。

釜山是韩国海陆空交通的枢纽,又是金融和商业中心,在韩国的对外贸易中发挥着重要作用。釜山工业仅次于首尔,有纺织、汽车轮胎、石油加工、机械、化工、食品、木材加工、水产品加工、造船和汽车等,其中机械工业尤其发达,造船、轮胎生产居韩国首位,水产品的出口在出口贸易中占有重要位置。目前釜山港担负着韩国全国海上运输货物一半以上运量,其中海运出口货物占全国的40%,集装箱货物处理量占81%,水产品货物占42%。据统计,2015年,釜山港货物吞吐量为3.59亿t,其中集装箱吞吐量为1943万TEU,如表3-5所示。

2007~2015年韩国釜山港港口分货种吞吐量 表3-5

年　度	货物总吞吐量(亿t)	增长率(%)	集装箱(万TEU)	增长率(%)
2007	2.43	—	1326	—
2008	2.42	-0.41	1345	1.44
2009	2.27	-6.20	1198	-10.90
2010	2.62	15.42	1419	18.48
2011	2.95	12.60	1619	14.06
2012	3.12	5.76	1705	5.31
2013	3.25	4.17	1769	3.75
2014	3.46	6.46	1868	5.60
2015	3.59	3.76	1943	4.01

来源:根据釜山港务局及相关资料整理。

其中,集装箱中转是釜山港的支柱业务之一,为提高釜山港的装卸效率和承载能力,釜山港在过去五年中加强了对集装箱码头泊位的建设力度。截止到2012年年底,釜山港共有集装箱专用码头6个,其中5个分布于北港,分别是子城台码头、神仙台码头、戡蛮码头、牛岩码头、新戡蛮码头,甘川码头则位于甘泉港。随着全球集装箱贸易量的增加,为使釜山港发展成为东北亚物流枢纽港,韩国政府持续加大港口基础设施的投资力度,分阶段投入92亿美元建设釜山新港,其中,民间投资达50亿美元,占总投资92亿美元的54%。釜山新港一期工程第一阶段3个泊位已于2005年12月建成,第二阶段3个泊位于2010年12月前建成。2013年釜山港已建成集装箱码头、泊位情况,如表3-6所示。

2013年釜山港已建成集装箱码头、泊位概况 表3-6

釜　山　港	泊位数量（个）	年处理能力（万TEU）	水深（m）
子城台码头	5	120	15~16
神仙台码头	4	160	14~17
戡蛮码头	4	120	15
牛岩码头	2	27	11
新戡蛮码头	3	65	15
甘川码头	2	34	15
总计	20	526	—

来源:釜山港务局资料。

进入21世纪,韩国又从建立"东北亚航运枢纽"策略转向"全球物流网络策略",开始积极向印度、越南等国家以投资、并购方式发展海外码头,构筑一个内外结合的子母港集团,树立韩国港口的特色形象。

2011年8月,韩国国土海洋部公布了第三个"全国港湾基本计划"。到2020年韩国将投入41万亿韩元用于全国港口海湾的扩建改造,使目前以货物处理为主的港湾变成集物流、休闲和文化娱乐为一体的多功能空间。据预测,在基础设施扩充之后,全国港湾每年创造的附加值将由2011年的20万亿韩元增加到40万亿韩元,港湾关联产业的从业人数也将由48万人增加至100万人。同时,韩国政府将根据各港口的特点和优势确定不同的发展方向,将釜山港发展成为集装箱转运中心,将光阳港发展成综合物流中心,蔚山港被确定为石油产业中心。釜山港目前的集装箱码头能容纳船只17艘,政府计划到2020年将其容纳能力提高至40艘,使得釜山港的集装箱转运能力达到世界第二位,从而在东北亚航运竞争中占据优势。

韩国政府还计划根据国内重点产业的分布情况，在邻近地区发展与产业分布相匹配的功能港口，以方便相关产业原材料和产品的进出口，并尽可能地降低进出口物流费用，从而提高韩国产品在国际市场上的价格竞争力。此外，政府计划在21个贸易港口建设571万m^2的海边游乐空间，并将7个港口均增设海上游轮码头，以发展海洋观光产业。与此同时，韩国政府还计划下大力气提高港口运营效率，培育全球性的港口运营公司，支援韩国的港湾产业积极拓展海外业务。

2）与周边港口竞争合作关系

韩国港口在经历了高速增长的阶段之后，步入平稳发展时期，并且一直致力于发展集装箱中转业务，以打造东北亚地区的国际集装箱中转港。但是近年来，随着周边港口的迅速崛起，包括我国长三角、珠三角和环渤海湾的港口群建设以及来自马来西亚、新加坡、印尼等东南亚国家的港口业的迅速发展，使得东北亚地区港口竞争更加激烈，韩国港口在全球的地位受到极大挑战，竞争力不断下降。韩国中转箱所占比重出现下滑，从2005年的36.36%下滑到2010年的34.29%。2003年以前，釜山港集装箱吞吐量在东北亚地区一直占据首位，来自中国的中转箱量对其发展有很大的促进作用。随着我国港口的发展，尤其是上海港和深圳港的崛起，到2003年韩国三大集装箱港口失去了集装箱吞吐量世界第三的地位。自2006年开始，韩国三大集装箱港口的集装箱吞吐量增长速度也远远低于环渤海湾地区的中国港口的两位数增长量。环渤海湾内八大主要港口竞争异常激烈，2010年多数港口年增长率接近或超过15%，这样的激烈竞争条件下，韩国为了在全球港口中争得一席之地，特别是为了与中国港口竞争东北亚航运和物流中心地位，不断调整发展策略，探索和加强与周边港口的合作。2010年以来，釜山港集装箱吞吐量保持稳步发展态势，2013年集装箱吞吐量1,768.61万TEU，位居世界第六位，其中国际中转量占总吞吐量的一半以上，2014年集装箱吞吐量1,868.33万TEU，同比增长5.64%，如表3-7所示。

2010~2014年釜山港国际集装箱中转吞吐量 表3-7

年份	总吞吐量（万TEU）	增长率（%）	国际中转量（万TEU）	国际中转比例（%）
2010	1419.33	—	627.65	44.20
2011	1618.47	14.03	735.25	45.43
2012	1704.62	5.32	814.75	47.85
2013	1768.61	3.75	874.85	49.47
2014	1868.33	5.64	942.94	50.47

来源：根据韩国海洋水产部、釜山港口管理局数据整理。

2010~2015年环渤海湾区域主要港口集装箱吞吐量如表3-8所示。

2010~2015年环渤海湾区域主要港口集装箱吞吐量 表3-8

港口	2010年（万TEU）	2011年（万TEU）	2012年（万TEU）	2013年（万TEU）	2014年（万TEU）	2015年（万TEU）	增幅（%）
青岛港	1201	1302	1450	1552	1658	1744	5.19
天津港	1000	1159	1230	1300	1405	1411	0.43
大连港	526	640	806	1002	1013	945	-6.71
连云港港	387	485	502	549	501	501	0.00
烟台港	154	171	185	215	236	245	3.81
仁川港	185	200	198	216	233	237	1.72
光阳港	206	209	215	228	234	232	-0.85
釜山港	1409	1619	1705	1769	1868	1943	4.01

来源：各港口官网、相关统计资料汇总整理。

韩国釜山港与我国青岛港、日照港、烟台港、威海港结成“中韩五港口战略联盟”。两国五港将发挥各自区位优势联合发展，互为进出港航班、船舶及货物提供优先、便捷、高效的物流服务，推进集装箱国际中转发展，共同推进东北亚国际物流枢纽建设；以发展中韩陆海联运汽车货物运输项目等为重点，不断优化物流模式，实现货物进出口增量；探讨开发山东省港口与韩国釜山港之间的豪华邮轮商品等。2011年6月8日，首届中韩五港口战略联盟会议在我国青岛市举行，正式签署了《中韩“4+1”港口战略联盟运行章程》，该章程提出：共同打造东北亚国际物流枢纽和航运中心，以促进山东半岛蓝色经济区建设、加快中韩自由贸易区进程和打造东北亚区域经济增长极。2012年5月17日，第二届中韩五港口战略联盟会议在釜山召开，两国五港进一步加强了联系，密切了合作，山东四港与釜山港运输航线的不断发展，为中韩贸易架起了畅通便利的海上桥梁。

韩国京仁港与我国唐山港缔结为“友好港口”。2012年4月7日，唐山港和韩国京仁港在我国唐山市举行“建立友好港口关系协议书”签约仪式，双方正式缔结为友好港口。两港将按照平等互利的原则，就港口规划建设、经营管理等方面进行了深入交流；就开通集装箱、杂货班轮航线进行合作；打造中国唐山至韩国首尔间最便捷的国际物流通道。京仁港距韩国首都首尔仅20km，其正在建设中的京仁阿拉航道是韩国首都通往海洋的唯一运河工程，京仁港将承担起韩国首都圈的重要物流功能，成为首尔开展国际贸易的新兴物流通道。

同时，韩国积极制定“走出去”策略，在印度、越南、泰国港口投资，并计划到

2019 年在欧美地区收购一批中、小规模船公司,构成港航网络,发展物流业,为全球物流网络策略的实施奠定坚实基础。

3)港口与腹地协调发展经验

韩国 25%的港口是 1960~1970 年建成的老港口,港口规模化发展受到严重阻碍。面对日益激烈的港口竞争态势,2008 年韩国开始实施港口再开发战略,为韩国的港口经济发展注入活力。

(1)以重要工业区为依托,适时调整和优化港口布局建设

釜山港的后方是韩国最重要的工业区——釜山工业区,包括造船、汽车、电力、金工、陶器、化工、造纸等制造业。其中包括现代重工、三星雷诺等大型企业,港口与工业区关系密切。然而韩国的国际运输采用"一港集中制"。韩国海上输出货物的 40%以上、集装箱货物的 80%以上都由釜山港进出。随着釜山港的飞速发展,其"一港集中体制"的弊病愈加凸显,港口设施不足成为其发展的最大瓶颈。釜山港务局规划在北港以西建设釜山新港,规划完成后可达 30 个泊位,两港之间有专用高速通道连接,新港有两条高速路和一条铁路解决疏港交通问题。在釜山新港的北集装箱码头后方规划 122 万 m^2地块用于建立物流基地,南集装箱码头后方规划 142 万 m^2地块用于建立国际物流基地。

因此,港口建设要与宏观经济规划配套,后方物流设施要为经济发展留有空间,当港口设施不适应经济发展时,应该积极开发的新港设施。

(2)港口与城市和谐发展

釜山老港,也就是北港,临近市区,港口纵深不足,在港口卸下的集装箱货物必须用集卡车运送到市内堆放,在市内办理通关、检疫等手续。穿梭往来的集卡车排出的废气、噪声以及对道路的损害、上下班时间与主城区交通冲突极大地干扰了釜山市正常的交通、生活秩序。韩国海洋水产部于 2007 年 10 月制定"第一次(2007~2016 年)港口再开发基本计划",按照各港口的荒废程度、替代港口可行性、开发时间、城市规划潜力、政策连贯性及开发效果等 6 项标准,选定 10 个港口为再开发对象。其再开发的主要方向是将老旧港区向亲水空间转换,属转型性再开发,以创建"人+文化"的新型港区为目标,重点发展多元化的娱乐和商业设施,建设文化、旅游、市民休闲空间设施,建设国际海洋旅游城市,建设高尚生活区及配套设施,提高服务水平,以吸引更多的人才和投资者,实现港口与城市的和谐发展。

(3)改善物流软环境,辅助港口快速发展

韩国信息通信部提出了打造一个"以使用者为中心"的一揽子运行系统。制定统一的物流信息运营计划,建立统一的外贸进出口业务物流信息网系统。这主要是将港口网络、空港的通关网络和检疫网络连接为一个整体的物流网络;加强对

码头工业园、空港工业园等信息化工作薄弱的地方性物流地区的信息化网络的投资建设，并与统一的物流网络系统相连接；将国内的物流网络、贸易网络和海外的物流网络等连接为一体，以便统一运作使用。

韩国政府积极鼓励开发商投资码头建设，为吸引船公司使用釜山港和釜山新港及其后方的物流园区，釜山港制定了一系列的特殊政策和优惠措施，给予物流公司提供资金支持和税收优惠。釜山港向外国企业和外方投资占10%以上的合资公司，提供最长50年的租期。对入驻自由港区的外资企业，按照不同的投资额和企业类型，最少的能够享受3年的免税待遇，最长的能够享受15年的免税待遇。针对在釜山港和釜山新港从事物流服务跨国物流公司在项目起步阶段面临经济负担过重的问题，釜山港务局与韩国技术保障基金会签了一份备忘录，目的是给物流公司提供资金资助，在资金借贷方面积极支持物流公司。在韩国政府补贴下，釜山港已将场地租赁费用降到比我国上海港低的水平，并推出入区外企免税等优惠政策，吸引中国物流企业在韩国投资。

3.1.4 中国台湾地区港口发展动态

中国台湾港口群由基隆港、台北港、台中港、安平港、高雄港、花莲港及苏澳港组成，花莲、台中、高雄、基隆四港为主要港口，其余三港为辅助港口。

1)港口发展与规划态势

(1)台湾港口发展定位

港口作为海运行业的核心所在，其功能及业务需求包含以下几方面：近海货柜航线作业基地、转运枢纽、大宗散货进出口、物流及加工再出口、客运功能、观光及亲水性港口、临海工业发展基地。台湾的大型港口，由于所处的地理位置、临近航线以及港口规模不同，各自有不同的发展定位，如表3-9所示。

台湾港口发展定位和服务功能　　表3-9

港口	位置	发展定位	服务功能
高雄港	南部	集装箱枢纽港、多用途加值物流港、散货进出口储运中心、观光港	提供集装箱国际中转运输服务
			能源、重工、石化原料进出口港及油品储转为主的全方位多功能综合性海港
			观光游览港口
基隆港	北部	近洋集装箱港、邮轮靠泊港、物流配销中心	提供近洋航线集装箱装卸服务
			国际邮轮母港和挂靠港
			亚太地区物流配送中心

续上表

<table>
<tr><th>港口</th><th>位置</th><th>发展定位</th><th>服务功能</th></tr>
<tr><td rowspan="4">台中港</td><td rowspan="4">西部</td><td rowspan="4">近洋集装箱港、加值型物流港、综合性散货港、油品储运中心、客运港</td><td>提供近洋航线集装箱装卸服务</td></tr>
<tr><td>能源、重工、石化原料进口港及油品储转中心</td></tr>
<tr><td>两岸客货船靠泊港</td></tr>
<tr><td>临港工业的发展基地</td></tr>
<tr><td>台北港</td><td>北部</td><td>远洋集装箱港、综合性物流港</td><td>海空联运、汽车货运、岛内物流等及其他产业的物流港</td></tr>
<tr><td>花莲港</td><td>东部</td><td>储运港、观光港</td><td>台湾东部水泥、砂石及石材的储运港,并兼具旅游观光功能的港口</td></tr>
<tr><td>安平港</td><td>南部</td><td>散货港、旅游港</td><td>散杂货的进出口港,并兼具旅游观光、亲水的港口</td></tr>
</table>

面对激烈的竞争与挑战,港口的功能与作用也发生着改变,台湾港口群根据发展要求做出了相应的转变,主要包括:增加了两岸快捷客货业务、建设发展自由贸易港区、核心业务民营化、强化竞争力、随着船舶大型化兴建深水码头等。

(2)台湾港口发展现状

在台湾众多的商港中,高雄港、台中港、基隆港三个港口的年货运量最多,三港吞吐量之和占台湾港口货物吞吐量的80%以上。2015年,中国台湾地区主要港口集装箱吞吐量为1,316万TEU,其中高雄累计完成集装箱吞吐量1,026万TEU,同比增长-3.1%;基隆港累计完成集装箱吞吐量145万TEU,同比增长-14.2%;台中港累计完成集装箱吞吐量145万TEU,同比增长-4.4%。2009~2015年中国台湾地区三港集装箱吞吐量,如表3-10所示。

2009~2015年中国台湾地区三港集装箱吞吐量统计 表3-10

年份	2009(万TEU)	2010(万TEU)	2011(万TEU)	2012(万TEU)	2013(万TEU)	2014(万TEU)	2015(万TEU)
高雄港	858.00	918.00	964.00	978.00	994.00	1059.00	1026.00
基隆港	152.00	176.00	175.00	161.00	161.00	169.00	145.00
台中港	119.00	136.00	138.00	139.54	140.00	151.00	145.00

来源:台湾地区港口网站资料整理。

①高雄港

a.高雄港概况

高雄港位于台湾岛西南端,是台湾海峡与巴士海峡交会的要冲,也是美、欧、澳、亚洲环球航线的交会点。1863 年建港,1945 年成立高雄港务局管理港口业务,是天然良港,腹地广阔,产业群集,工商发达,为台湾最大国际商港,也是世界主要集装箱港口之一。目前,码头共有泊位 121 个,浮筒 19 组,可同时停靠 150 艘船舶作业。其中作业泊位 94 个,包括集装箱泊位 26 个、散杂货泊位 66 个、客轮泊位 2 个。另有非作业泊位 27 个。高雄港海底质为珊瑚礁,港区水深良好,淤浅较小,维护费用也较少。

高雄港分为一港区和二港区,未来规划建设三港区。高雄港是世界上不可多得的集中开发多功能天然良港。一港区位于西侧,与东侧的二港区相连,南北两侧顺岸布置码头。著名的香蕉码头位于一港区西北侧。高雄港中设有多对系船双浮筒,供待修船舶系泊,其他情况船舶进港系浮筒停泊的费用比较高,没有装卸货的船舶基本上在港外停泊。一港区为多功能港区,军、商、救助、船厂、观光教育等多用途。二港区港内两岸宽度约 600m,水深 17m,可通航 20 万 t 级船舶。进港口门在港口东南,进港航道宽度 230m,可进港 1.3 万 TEU 的集装箱船(长度 360m)。港区集中布置各大集装箱船公司专用泊位,都配置有世界先进的集装箱桥吊。

高雄港是台湾省最大的集装箱港,也是东北亚地区和釜山港并列的国际中转中心。近年来由于受到区域内其他港口的竞争挑战,高雄港吞吐量略有下滑。高雄港的吞吐量位列台湾第一,世界第十三,曾经位列世界第三。

高雄港已建有数字化信息管理平台,由港务公司塔台管理,对港口及船舶动态进行监控和指挥管理。船舶信息包括引航信息由船务代理报塔台,由塔台对外公布,资讯公开共享。

高雄港务公司认为,“港口增值主要在于岸线功能的规划利用,港区集中开发,后备建设项目根据经济形势和需求进行调整,陆域临港产业的引进等”。

b.高雄港制订的远景目标

将港口建设成为亚太地区的营运中心与海运中心,其具体的发展规划为洲际航运计划。着重在洲际航运的远东—北美航线、远东—欧洲/地中海航线、澳洲航线及中东航线等主要洲际航线中,建立起高雄港的世界枢纽港口地位。

c.2020 年主要规划

在港区建设方面,高雄港计划将港内码头分区调整为散杂货区、集装箱区、港勤服务区和军用区;旧港区再开发方面,计划将蓬莱、盐堤和苓雅 3 个商港区的货物装卸功能移转,重新规划为亲水性游憩商业中心;外海扩建计划方面,高雄港欲建设外海集装箱中心和外海大宗散货卸储中心。

d.邻近地区发展计划

“经济部”加工出口区高雄仓储转运专区的开发面积为 $210hm^2$,具有自由贸易区特色，主要职能是仓储再出口，承接上、中、下游的产业，提供企业多元化的发展空间，提高国际竞争力；在海、陆、空结合联运方面，以高雄港为海运中心，高雄国际机场为空运中心，结合完善的铁路、公路及都会区道路交通运输系统，并配合现代化资信——电子资料交换系统（EDI）的连线传输，达到通关程序简化，运送迅速、便捷的目的。

②基隆港

a.基隆港概况

基隆港是一座位于台湾基隆市的海港，为台湾地区四座国际商港之一，既是台北的外港、也是台湾北部首要的海运枢纽。还是环岛航运的主要枢纽港。作为一个综合性港口，基隆港进口货物主要有煤炭、石油、矿石、粮食、杂货和集装箱等；出口货物主要有机械、化工产品、电子产品、轻工产品、纺织品、加工食品、集装箱和其他杂货。该港货物装卸量约9000万 t，为台湾岛北部货物进出口门户、国际贸易港口和货物集散中心。

基隆港港域面积 572hm^2，水流稳定，港域平稳，可供 6 万 t 级以下散杂货轮及超巴拿马型集装箱船靠泊作业。基隆港的吞吐量位列台湾第三，现有领港员 8 名。基隆港分内港和外港，共有 56 座码头，平均潮差 0.73m。内港是基隆港的老港区，类似河口港，港区中间有一条岔航道，两岸建设码头，两岸之间宽度约 300m，水深约 9m，航道长度约 3n mile，以客运观光为主，进港船舶长度达到 290m（14 万 t 级豪华游轮）。进港船舶有的在外港区调头后倒航进港靠泊；有的在岔航道调头后靠泊，离泊时平开后直接出港，如观摩离泊出港的大型邮轮“钻石公主号”（长度 275m）就是这样操作的。小型船舶可以直航进港靠泊，离泊时调头出港。出港船舶领港一般在防波堤口门之内离船。外港按港池式海港建设，位于内港东北侧，与内港相连，北侧建有防波堤，可提供 6 万 t 级散杂货船和 1 万 TEU 集装箱船靠泊。基隆港海底质为岩石，港区没有河流的冲淤，水深保持状况较好。

为了吸引更多的国际航运业者来港，基隆港在 2003 年时设立了自由贸易港区。自由贸易港区建成后，极大降低了大陆东南沿海地区至基隆中转的成本，吸引了大量集装箱货源，同时增加了班轮航线，巩固了基隆港作为台湾枢纽港的地位。

b.港口建设改善计划

面对日益攀升的货源量，受限于自然条件的基隆港更显得不敷所需。为了增进港口作业效能，基隆港制定了多项港口建设改善计划，主要包括：

a）船舶交通管理系统。利用高科技的传播交通管理系统（VTMS）中的电子通信，改善海上船舶交通的秩序和安全，增进基隆港作业资讯化和营运时效。

b)兴建港区联外道路。兴建基隆港西岸的港区联外道路直接与台湾北部第二高速公路基隆汐止段衔接,从而使基隆港的运输作业更加流畅,不但提高了港区货物装卸效率,而且还舒缓了基隆市区的交通压力;另外还规划建设基隆港东岸港区联外道路,以缓解基隆港东岸港、市区交通的拥堵现象。

c)港池航道浚深。为配合船舶大型化的世界潮流,基隆港拟突破天然条件的限制,利用现代化机具,将港区现有的外港航道及回船池由现在的14.5m深,全面疏浚挖至15.5m深。

d)拓建西岸集装箱储运场。计划将位于西部的18、19号码头间的船舶修造厂迁址他处,工程完成后将可提供5000TEU以下的集装箱轮靠泊。

e)港区周边游憩活动场所的规划。为顺应港口发展多元化的趋势,促进港、市互动,基隆港拟专门开辟一些港区作为旅客游览区域。

③台中港

a.台中港概况

台中港是位于台湾台中市的一个新建的国际商港,位于台湾岛西海岸中央,距离北部基隆港约110n mile,南部高雄港约120n mile。台中港是应台湾的经济发展的需要而兴建的。20世纪60年代以来,台湾的经济开始腾飞,进出口贸易量迅速增加,导致基隆、高雄两港出现大量拥堵现象。台湾开始兴建台中港,以减轻基隆、高雄两港的负荷;并为台湾岛中部地区提供一个对外贸易门户,以促进台湾地区经济、人口的均衡发展。

台中港建港计划包括商港、工业港及渔港三部分,于1976年10月31日正式启用。建成的50个泊位,拥有各项自动化装卸储存设备,装卸效率高。港口海底砂质化,受海流和潮流的影响,海砂流动对航道淤浅比较厉害,航道和港池的水深维护费用较大。

b.台中港未来的经营目标

a)拓展集装箱业务;

b)发展物流中心;

c)加工再出口仓储转运中心;

d)发展西码头区成为台湾最大的化学品和油品储运中心;

e)开发规划滨海游憩专业区等。

④花莲港

花莲港位于台湾岛的东部,东临太平洋,西倚中央山脉,是一个由东、西防波堤合拢而成的人工港。防波堤头设有一座灯塔,进出港航道设有一对灯桩。1931年开始建设,1939年完成泊位3个,主要功能为砂糖输往日本及环岛货物运输。为促进东部地区经济繁荣，1963 年开放为国际商港，并先后进行了四期扩建，工程于 1991 年完工。港埠设施方面，现有泊位 25 个，仓库 6 栋 15 间及堆货场 38 处，港埠设施比较完备，担负港埠运输功能。

花莲以好山好水著称，丰富的自然和人文资源是台湾东部地区发展旅游产业的利基，未来港埠营运政策除了维持货物装卸储运之外，还要拓展旅游休闲业务，朝着多元化经营方向努力，以带动花莲港发展。

(3)台湾港口发展趋势分析

台湾港口体制改革完成后，新成立的台湾港务公司加快调整步伐，对内提升港口运营效率，对外加强港口国际竞争力。因此，提出了“以创新为核心，走向世界，成为全球卓越港埠经营集团”的发展目标，将物流、人流、资金流融入世界港口发展中。按照台湾港务公司的发展规划，2016 年，台湾港口集装箱吞吐量将提升到 1800万 TEU 以上；整体营运收入将提升到 300 亿新台币以上、盈余 100 亿新台币以上；同时客运观光将蓬勃发展并刺激地方经济增长。为加快发展，台湾港口从以下几个方面着手规划与发展。

①增强港口运营效益

根据实际情况，港务公司将重新打造核心业务。比如，成立子公司，经营拖船业务和多国拆并柜等业务；建立公用码头，强化码头的经营能力。在中长期发展中，规划成立信息子公司，以提供加值信息咨询等服务；与其他海运事业的从业者共同组建子公司，共同经营；与投资伙伴共同建立海外据点，拓展对国外港口投资事业。

②巩固集装箱中转枢纽地位

台湾港口通过提高服务质量及装卸作业的效率，吸引大量航商进驻；由港务公司拟定并为航商提供优惠的合作政策，鼓励航商开辟新航线；发展岛内转运业务，提供具有竞争力的转运方案，保证货物一经卸载，就可以通过物流快速转运到岛内各处。

③发展港口第三产业

优良的港湾环境不仅吸引了各国商船，同时也带动了旅游业的发展。港务公司着手打造魅力港湾，加快港区转型，发展港区观光旅游、购物及休闲娱乐等第三产业。通过改善客运软硬件设施，增加邮轮航线，带动海上旅游观光业发展，刺激地方经济。基隆港和高雄港的旅游项目如图 3-2 所示。

④实现港口可持续发展

港口发展走绿色循环低碳的路线。

a.提供岸电设施，鼓励自动化装卸作业，减少燃油废气排放。

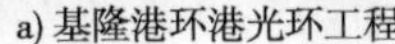
a) 基隆港环港光环工程

b) 高雄港水岸明珠计划

图 3-2 基隆港和高雄港旅游项目

b.着力绿化港区及周边区域,美化港区环境。

c.提升港区营运环境的质量,为港口工作人员及周边工厂、居民提供一个良好的环境等。同时中国台湾主要港口通过整建、新建、扩建码头,加深航道等项目,致力于打造优质港口,实现预期的经济效益,台湾打造优质港口计划如表 3-11 所示。

台湾打造优质港口计划　　表 3-11

<table>
<tr><th>港　口</th><th>项　目</th><th>预 期 效 益</th></tr>
<tr><td rowspan="2">基隆港</td><td>港区码头整建工程</td><td>提升自营货柜厂的竞争力</td></tr>
<tr><td>东岸联外道路新建</td><td>节省行车时间及成本</td></tr>
<tr><td rowspan="2">台北港</td><td>台北港物流仓储区</td><td>扩增营运面积</td></tr>
<tr><td>台北港航道疏通及加深工程</td><td>有利母船靠泊增加转口柜数量</td></tr>
<tr><td rowspan="3">台中港</td><td>新建散杂货码头 3 座</td><td>配合兴建密闭式仓储设施并提升运量</td></tr>
<tr><td>新建客货码头 1 座</td><td>有利两岸客货快递服务</td></tr>
<tr><td>新建公共仓储</td><td>配合物流子公司增加营收</td></tr>
<tr><td rowspan="5">高雄港</td><td>扩(改)建货柜码头</td><td>扩增货柜装卸量增加营收</td></tr>
<tr><td rowspan="2">新建公共仓储</td><td>有利船靠泊增加转口柜数量</td></tr>
<tr><td>扩增营运面积增加自营货柜公用码头</td></tr>
<tr><td rowspan="2">前镇商港及南星土地的开发</td><td>配合物流子公司增加营收</td></tr>
<tr><td>扩增营运土地面积增加营收</td></tr>
</table>

2)与周边港口竞争合作关系

(1)台湾港口与周边港口的竞争

随着船舶大型化、航线轴心化,大型船舶所能停靠的港口减少,很多业务越来越集中在国际主要航线上的大型港口，港口投资经营的全球化使得各个港埠之间的经营竞争日趋激烈。

中国台湾港口的发展除得益于本岛经济发展外，也得益于中国大陆丰富的货源。中国大陆集装箱货源快速增长，成为亚洲集装箱货源的主力。目前上海、深圳两港箱量远超高雄，广州、青岛、宁波、天津港也都超过1000万TEU。除此以外，东南亚地区的丹戎帕拉帕斯、盖梅港等新港口的快速崛起，亚洲地区老港釜山港、新加坡港的优势地位不断巩固，这些因素都对台湾港口的发展带来挑战，使得台湾港口在货运量上增长迟缓。

除了周边港口对于自身的挑战外，台湾港口面临的最大问题还来自于内部的压力，如港口企业融合问题，腹地经济发展缓慢问题，都是港口货运量增长的瓶颈问题。

(2)台湾港口同周边港口的合作

随着中国台湾与大陆两岸直航的逐步推进，台湾港口同大陆港口的合作关系日趋紧密。海峡两岸港口领域交流合作不断深化，形成全方位、宽领域、深层次的合作格局，有力促进了两岸港口企业转型升级和共同应对周边港口激烈的竞争和挑战。

政策措施上，2013年6月两岸签署《海峡两岸服务贸易协议》，开放港口、航运服务在内的80项服务业，台湾则据此开放64项服务业，为两岸间港口业合作提供了新机遇，有力推进两岸港口经济整合进程；同时，两岸港口管理部门建立定期交流机制，两岸交通运输主管部门、地方交通管理机构同各港务局之间形成良好合作关系，加强了两岸港口管理的深度融合。

企业交流层面，大陆已有12个港口与高雄、基隆、台中、花莲等台湾港口签署战略合作协议。重点优化两岸间客货运输与物流服务，构建信息共享平台，加强两岸居民和企业的互访和交流，努力实现货运“无缝衔接”，促进两岸港口码头和物流园区的合作开发，为深化两岸产业和经贸合作构建坚实的基础性服务平台。

两岸港口战略合作的加强，标志着两岸港口运输业进入大交流、大合作、大发展的新阶段，有力推动两岸交通运输领域的合作向更大范围、更宽领域、更高层次发展。

除同大陆港口深化合作外，台湾港口企业在近年来也加快了“走出去”的步伐，为提升本地区港口货流提供了重要保障。

(3)台湾港口的应对策略

面对周边港口激烈的竞争，台湾港口管理部门采取了一系列措施来应对挑战。首先，对港口进行大范围的体制改革。为适应全球政企分离的发展趋势，实现港口间协同合作，台湾适时推出《台湾港务股份有限公司实施草案》，推进港口体制改革，希望借此提升港口行业竞争力，重新提升台湾港口在亚洲的枢纽地位。其次，建设自由贸易区，增强港口竞争力。通过自由贸易区的建设，吸引国际集装箱在此中转，同时通过港口实现产业集聚，带动周边产业发展。

3)港口与腹地协调发展经验

中国台湾地理环境是岛屿形态，陆地资源相对较少，进出口贸易成为当地经济发展的重点，货物运输总量的90%以上通过海运完成，因此港口经营绩效对台湾海运，乃至台湾地区经济发展具有相当重要的作用。台湾地区四面环海，拥有得天独厚的航运区位优势，且拥有国际竞争力的生产与加工技术，中小企业发展快速，再加上良好的港埠设施及强大的海、空运输团队，因此，不仅重要物资有赖于海运的运送，而且具有形成国际物流枢纽的优势和机遇。

台湾港口布局是以沿岸海湾自然条件与腹地经济状况结合而成，台湾港口按照功能及定位分成三个层次：第一层次是具有全局意义的连接对外运输的国际贸易大港，如高雄港、基隆港；第二层次是具有地方意义的国际贸易辅助性港口，如台中港、花莲港和苏澳港；第三层次是连接沿海一些小港，如安平港、台东港等。

高雄港和基隆港地理位置优越，是台湾地区的对外交通枢纽。作为最早建设的两座大港，两港拥有广阔的平原腹地供港区和工业区利用，同时陆上和水上集疏运通道畅通。基隆港在建港之初为台湾第一大港，以台北市及台湾北部地区为腹地，主要为当地的纺织、食品、电子、机械、水泥、化肥及化学工业提供物流支持。高雄港主要为高雄及台南地区的主要出口通道，为当地的出口加工业以及农业提供物流服务。

台中港布局于高雄、基隆两港之间，建设目的是减轻高雄、基隆两港压力。台中港腹地台中市是台湾中部经济、文化中心和交通中心，工业以铸造、金属工具、锅炉等制造业为主，还有食品加工、制药、橡胶、印刷等。台中港交通发达，环岛铁路和公路都经过这里，其腹地可辐射中部的8个县市。花莲港位于东海岸的中部，是台湾东部主要港口，主要进出口货物为大理石、石灰石、水泥、木材、煤炭、粮食、橄榄等。苏澳港是基隆的辅助港，是台湾兰阳平原货物集散中心。兰阳是台湾东部重要的农作物产区，素有米仓之称，主要工业有水泥、食品、海产品加工、制茶等，所以苏澳港主要出口物资为水泥、石灰石、大理石等，进口物资为煤炭等。

在中心港、次中心港之间分布许多小港，主要任务是满足当地小宗、短距离货物运输和国际贸易港分流疏运的需要。台湾大、中、小港口合理布局，互相分工，彼此优势互补，做到中心港、次中心港、支流港各得其所，与经济协调发展。

3.1.5 中国香港港口发展动态

香港不仅是世界著名的国际航运中心，也是亚太地区第三大国际金融中心。20世纪70年代，香港在成为重要的银团贷款中心的基础上逐渐发展成为国际航运中心。2012年年底，香港外汇市场日均交易量占全球6%左右，银行外汇结存量约占世界总量的7%，衍生工具成交量占全球的5%左右。在这样的金融环境之下，香港应运而生的包括船舶注册、融资、保险、船舶管理等行业，具有提供全面航运服务的能力。香港拥有为数不少的国际知名船舶所有人。香港港是世界上最繁忙的集装箱处理港之一，是亚洲区内与航运业有关企业的集中地，也是远洋船舶停泊中心。香港有其开放金融政策，在船舶融资及航运业资金结算领域占据一席之地。

香港港作为亚洲地区最重要的货物中转港之一，目前拥有9个集装箱码头，1个内河码头，共计73个泊位。2015年，实现港口货物吞吐量(包括海运与河运)2.62亿t，实现集装箱吞吐量2011万TEU，集装箱吞吐量居世界港口前列。位于维多利亚港西北部的葵涌及青衣深水集装箱港区，共有9个码头、24个泊位，深水岸线达7694m，水深15.5m，陆域面积2.79km^2，处理能力约1900万TEU。该港区分别由现代货箱码头有限公司、香港国际货柜码头有限公司、中远-国际货柜码头有限公司、迪拜环球港务和亚洲货柜码头有限公司负责管理及营运。2012年葵青9个码头吞吐量占香港港全年集装箱吞吐量的72%。除葵青集装箱港区以外，香港港还拥有一个内河货运码头，1998年落成启用，由香港内河码头公司经营。该码头占地约0.65km^2，拥有49个泊位，岸线长度约达3000m，经营香港和珠三角地区之间往来的集装箱及散杂货物。凭借专业经验以及卓越的服务，码头每年处理200万TEU以上，服务超过4万艘集装箱船，现已发展成为珠三角及其腹地货物的首要物流枢纽。

2007~2015年中国香港港口分货种吞吐量如表3-12所示。

2007~2015年中国香港港口吞吐量 表3-12

年　度	货物吞吐量(亿t)	增长率(%)	集装箱(万TEU)	增长率(%)
2007	2.46	—	2400	—
2008	2.59	5.28	2449	2.07
2009	2.43	-6.18	2104	-14.10
2010	2.68	10.29	2370	12.64
2011	2.77	3.36	2438	2.87
2012	2.69	-2.89	2312	-5.17

续上表

年　度	货物吞吐量(亿 t)	增长率(%)	集装箱(万 TEU)	增长率(%)
2013	2.76	2.60	2235	-3.33
2014	2.96	7.25	2227	-0.36
2015	2.62	-11.49	2011	-9.70

来源:香港港口发展局及相关资料整理。

香港之所以能够成为国际中转中心和航运中心,一方面是凭借其优越的地理环境,另一方面是对发展时机的准确把握,根据全球港口产业价值体系的发展变动及时调整自身的发展方向,并在全球港口产业价值体系中成功实现了从低端到高端的升级。除了拥有优良的港口,香港还有非常成功的航运业,有很多知名的资深船东、船务管理公司。在香港港口发展的过程中,也遇到了来自新加坡港、深圳港等港口的挑战与冲击,为了巩固其港口在全球市场中的地位,香港港开始大力推进港口相关服务功能的发展,来应对外界的竞争压力,顺应全球国际航运业发展趋势。具体措施为:简化船舶注册和验船程序,降低船舶注册费用;为确保香港港口安全,海事部门提高现在的航行监察系统,加强海港巡逻、交通调控、港口监督及安全检验等方面的工作;与主要贸易伙伴商讨双重征税协议、减轻香港船务公司的税务负担。

在政府管理上,香港是少数未设港务局等专门管理机构的地区之一,奉行政府"积极不干预"与严格高度集中的监管相结合的政策。香港运输与房屋局作为政府行政部门,与航运业供应链中各子行业共同合作,营造有利的环境,提供必要的基础设施,以促进物流业的发展,维持香港港作为区域内首选的运输和物流枢纽的地位,致力于巩固香港港国际航运中心的地位。香港海事处负责一切航行事物和所有等级、类型船舶的安全标准。香港港口发展局负责评估港口发展,规划新港口设施,协调政府与私营机构参与制订港口发展规划等。航运发展局负责制订措施和拟订进一步发展香港航运服务业的计划,向政府提出意见,协助政府推广全面航运服务,宣传在港经营航运业务的优势。

在船舶注册方面,香港具有优良的商业环境,对航运业有税收优惠,政府服务简便高效,负责船舶注册的香港特别行政区海事处拥有超过 150 年的船舶注册和验船经验,注册、撤销注册程序简单快捷。此外,世界各国港口信任香港海事监督,香港旗船享有较高信誉,进入各国港口不受歧视,来往各地方便。可以说,香港是全球最好的船舶注册地之一。

在航运金融方面,香港是国际金融中心之一,航运服务业基础较好,吸引了一批来自欧洲、日本、中国内地和香港本土的大型银行或船舶融资机构在港开展航运金融业务,成为亚洲国际船舶融资中心,对香港发展国际金融和航运两大中心均起到很大作用。这类银行和机构的业务范畴从新船或二手船融资,扩展至在资金上支持其他航运活动,提供企业现金管理服务等。香港船舶融资的优势主要在于整体成本低、资金充裕、效率较高。香港船东主要通过银行进行船舶融资。

在航运法律服务及仲裁方面,香港已是国际航运法律服务和海事仲裁中心之一。香港采取了与英美一致的普通法系,建立了完善有效的司法制度和法律仲裁制度,仲裁机构专业化程度高,香港仲裁员的公正性、专业性和职业道德为业界公认,已是国际海事法律和仲裁中心之一。

3.2　对我国港口发展的影响分析

在世界经济格局不断变化和全球产业分工调整的背景下,世界港口中心正逐步从欧洲、美洲向亚洲转移,亚洲港口包括我国港口正利用后发优势,快速追赶并逐步超越世界传统国际大港,全球港口发展格局呈现出动态变化和不均衡发展的新态势。

3.2.1　中日韩自由贸易区的成立为我国港口健康发展创造了有利的贸易环境条件

中日韩自由贸易区的成立将取消存在于三国之间的关税与其他相关贸易限制,由此带来贸易成本的降低与贸易环节的简化将有助于各成员国间的商品流通与物资往来,区域内港口也将因此受益。在谈判会议上,中日韩三国均表示将采用政经分离的原则共同推进自由贸易区的快速落实。中日韩自由贸易区 GDP 约占全球总量的 20%,贸易量占全球贸易总量的 35%,经济规模仅次于欧盟和北美,自由贸易区的建立将极大地刺激区内近洋航运与港口吞吐量的增长。

根据预测未来自贸区内海上运输量将增加两成,因此,我国沿海港口与日韩港口均希望通过加快港口产能提升来适应未来激增的运输需求。2013 年山东省全力加快港航产业建设,预计总投资将到达 116 亿元,在青岛港、烟台港、日照港等距离日、韩航距最短的港口着重加大投资力度。另一主要进出口岸天津港也将斥资 28 亿元建设 188 个项目,其中包括东疆二岛建设的自由贸易港,兼具外贸仓储、国家中转、国家配送、国家采购等功能。韩国近年来提出的"建设环太平洋中心港战略"正全力推进釜山、光阳、仁川等重要港口的建设。日本也将东京、神户、横滨、大阪等港口纳入"国家战略枢纽港 ISH"中,这些港口将直接从政府获得丰厚的投资资金。另外，日本名古屋、鹿岛、木更津、宇部等港口近期都在进行改扩建工程。

亚太地区长期以来，一直是港口生产增长较快的地区，随着自由贸易区及经济回暖等利好因素推动，港口吞吐量或将迎来新一轮的上升，同时，也要认识到部分地区已出现明显结构性产能过剩，货物吞吐量的增长应当建立在效益提升基础上，避免非理性扩张。

3.2.2 港口(群)间激烈的竞合态势促进我国港口开展深度合作和加强国际广泛合作

在新一轮的国际物流竞争中，随着世界海运业船舶向大型化和超大型化发展趋势，港口群及内河港口都面临一个前所未有的发展机遇和挑战。港口群在发挥装卸集装箱船货物的运输功能外，还将参与组织各个物流环节业务活动及彼此之间的衔接与协调，逐步成为全球国际贸易和运输体系中的物流基地。全球卫星定位技术、电子数据交换系统等为代表的高新技术，将成为现代化港口管理的主要手段，世界各地港口物流的竞争与合作模式呈现出多元化。港口群之间的竞争与合作，着眼于核心港口朝集装箱枢纽港和中转港的方向发展，其他港口围绕核心港口发展自身特长与优势，扮演好辅助港口的角色。新的竞争态势促使我国各港口开展深度合作，以提升我国港口整体核心竞争力；同时促使我国港口实施“走出去”战略，加强与国际港口的广泛合作。亚洲越来越多的港口通过与周边港口开展战略合作联盟，拓展腹地市场，以应对越来越激烈的竞争压力，同时，促进港口的多元化全方位发展。

3.2.3 第三次工业革命进程的推进加剧了我国与周边港口之间的竞争

当今世界能源、通信基础设施具有扁平化的组织特征和分散、合作式及网络化的特点，洲际经济和政治联盟将在未来加速形成，“洲际化”“区域化”成为第三次工业革命的重要特征。随着能源革命，可再生的能源储量将变得更为丰富，长距离的贸易运输可能会减少，而区域内、洲际内的贸易运输量可能会大幅度增加。短距离运输中，中转运输会使得运输成本增加，点对点的近洋直达运输将更能满足客户对于时间成本和资金成本的需求。因此，对于区域内的港口体系而言，点对点的直达近洋运输发展将带动中小港口的成长和发展，同时也进一步加剧区域内港口之间的竞争。另外，亚洲地区港口为了减少竞争所产生的不利影响，港口之间结为联盟，形成统一的发展策略、运输网络和市场营销，如中国与韩国、日本之间的贸易促进了中日韩自由贸易区的形成。这一趋势使得港口之间的竞争越来越体现为其所在供应链与供应链的竞争，新的竞争态势对我国港口如何有效应对国际港口尤其是亚洲港口的竞争提出新的要求。

3.2.4 船舶大型化趋势明显促使我国加快调整和提升港口综合能力

近年来，随着规模经济和新技术的推动，全球航运业正迎来新一轮的船舶大型化趋势。自 2011 年全球第一艘 38 万 t 级超大型矿砂船下水之后，2013 年，全球排名第一的马士基航运首批 3E 级 1.8 万 TEU 集装箱船也陆续交付使用，再一次推动了船舶的大型化发展。Alphaliner 报告显示，2014 年集装箱市场约有 206 艘，合计约 157.08 万 TEU 新船投入运营，其中 10000~18500TEU 船型达 57 艘，运力占比近半。受港口、水深等硬件条件限制，大多数超大型集装箱船仍将优先配置在亚欧航线上，未来亚欧航线超大型集装箱船的比重将进一步加大。随着船舶大型化、专业化，我国港口加快调整和提升综合能力，码头泊位大型化、专业化趋势明显。我国沿海港口纷纷建设及改造超大型矿石泊位，比如广州湛江筹建 40 万 t 级航道及泊位码头；青岛港董家口港区规划 3 个超大型矿石泊位；大连港矿石码头疏浚改造后计划为超大型矿石船服务，船舶大型化将对港口带来多方面较大影响。

1）港口面临整体等级提升的竞争压力

超大型船舶的投入使用，使得港口从硬件条件、操作效率、运营管理以及陆上衔接等环节面临整体等级提升的压力，港口在接纳超大型船靠泊时，从码头改造和建设投资环节都面临着诸多考验。目前靠泊船型结构发生了显著变化，大型船舶比重不断增加，对港口码头靠泊能力的整体提升提出了新要求。

2）枢纽港地位将逐渐加强，港口间竞争加剧

船舶大型化的出现，对港口硬件设施提出了更高要求。大型船舶挂靠港口较少，在某些区域内往往只选择停靠一个主要港口，这种趋势促使货源向枢纽型大港集中，使腹地货源的争夺更为激烈，港口呈现集中化发展趋势。另外，大量的货运集中在枢纽港，会带来更严重的交通拥堵、码头发展的不平衡性等问题。船舶大型化将对码头运营效率产生很大影响，导致大型船舶在港停泊时间延长和费用成本上升。

第 4 章　我国港口发展的总体评价

4.1　我国港口发展现状评价

改革开放以来,我国港口实现了跨越式发展。目前,我国正在实现由港口大国向港口强国的转变。研究表明,一个国家港口发展特别是沿海港口的发展对外向型国家非常重要,世界港口发展遵循以下三方面规律:一是经济发展总体水平(经济总量)决定了港口发展需求的内在动力;二是国家在参与全球经济活动,在世界生产力资源配置中发挥的作用;三是国家为港口发展提供的内外部环境政策条件。改革开放以来我国经济快速发展,经济总量位居世界前列,港口发展内在需求强劲;我国对世界经济贡献越来越大,在全球资源配置中发挥着重要作用;我国逐步实现了全方位对外开放,港口市场化程度迅速提高。

我国是世界港口大国,但是在港口发展的相关政策和某些因素方面还有待进一步调整和完善,以促进我国从港口大国向港口强国的快速转变。

4.1.1　港口设施建设与生产取得突出成就,港口布局不断优化

1)港口基础设施规模明显扩大

为了满足经济社会的发展需求,我国港口在各个发展时期开展了大规模的基础设施建设。据统计,1949 年中国沿海港口泊位数仅为 161 个,1978 年沿海和内河泊位数为 735 个,万吨级泊位 133 个,而 2015 年全国港口拥有生产用码头泊位 31259 个,其中万吨级及以上泊位达到 2221 个。2001~2015 年间中国港口万吨级及以上泊位数变化呈缓慢增长态势,如图 4-1 所示,泊位数据分析见表 4-1。

2001~2015 年中国港口码头泊位数据分析表　　表 4-1

年　份	生产用码头泊位(个)	万吨级及以上泊位(个)
2001	33441	810
2002	33600	835
2003	34289	899

续上表

年　份	生产用码头泊位(个)	万吨级及以上泊位(个)
2004	35108	944
2005	35242	1034
2006	35453	1203
2007	35947	1337
2008	31050	1416
2009	31429	1554
2010	31634	1661
2011	31968	1762
2012	31862	1886
2013	31760	2001
2014	31705	2110
2015	31259	2221

来源:2001~2015 年交通运输行业发展统计公报。

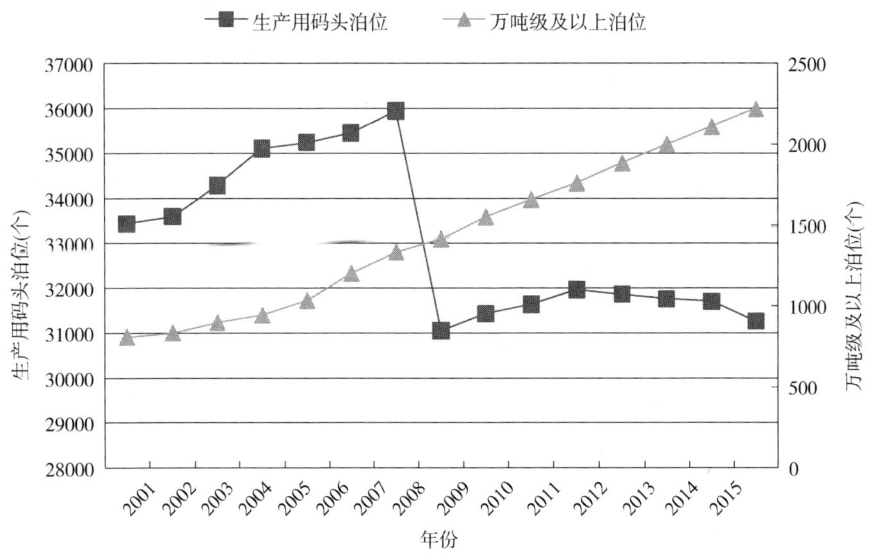

图 4-1　2001~2015 年中国港口码头泊位变化趋势图

2015 年末,我国沿海港口拥有生产用码头泊位 5899 个,比上年增加了 65 个,其中沿海港口万吨级及以上泊位 1807 个,比上年增加了 103 个,如表 4-2 所示。

2015 年全国港口万吨级及以上泊位　表 4-2

泊位吨级	全国港口(个)	比上年增加(个)	沿海(个)	比上年增加(个)
合计	2221	111	1807	103
1~3 万 t 级(不含 3 万)	793	38	619	33
3~5 万 t 级(不含 5 万)	369	4	266	5
5~10 万 t 级(不含 10 万)	728	44	600	42
10 万 t 级及以上	331	25	322	23

来源:2015 年交通运输行业发展统计公报

全国万吨级及以上泊位中,专业化泊位 1173 个,比上年增长了 59 个;通用散货泊位 473 个比上年增长了 32 个;通用件杂货泊位 371 个,比上年增长了 11 个。到 2015 年全国万吨级以上泊位构成如表 4-3 所示。

全国万吨级以上泊位构成(按照主要用途划分)　表 4-3

泊位用途	2015 年总数(个)	比上年增加(个)
专业化泊位	1173	59
集装箱泊位	325	3
煤炭泊位	238	19
金属矿石泊位	80	16
原油泊位	73	1
成品油泊位	133	3
液体化工泊位	184	12
散装粮食泊位	38	2
通用散货泊位	473	32
通用件杂货泊位	371	11

来源:2015 年交通运输行业发展统计公报。

2)水运建设固定资产投资稳步增长

2015 年,我国完成铁路公路水路固定资产投资 26659 亿元,比上年增长5.5%,占全国固定资产投资的 4.7%。沿海和内河建设完成投资 1457.17 亿元,其中内河建设完成投资 546.54 亿元,比上年增长 7.6%;沿海建设完成投资 910.63 亿元,比上年减少 4.3%。沿海港口新建及改(扩)建码头泊位 130 个,新增吞吐能力 42026 万 t。2009~2015 年沿海和内河建设投资额变化趋势,如图 4-2 所示。总体上,水运建设投资额总体平缓稳定,而港口新增吞吐能力则呈现快速上升然后趋于平稳态势。

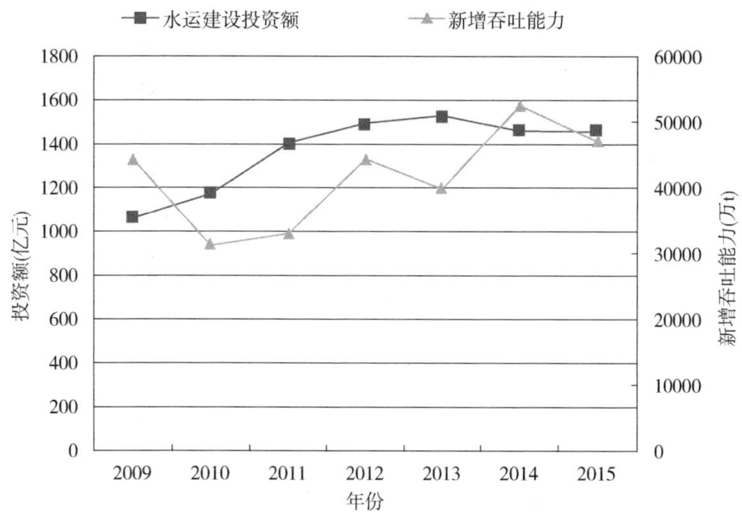

图4-2 2009~2015年水运建设投资和新增吞吐能力变化趋势

3)港口运输生产能力显著增强

随着中国港口基础设施的建设,以及装卸设施、支持系统的配套,港口运输生产能力大幅提高,2015年港口完成货物吞吐量127.50亿t,其中沿海港口完成81.47亿t;完成外贸货物吞吐量36.64亿t,其中沿海港口完成33.01亿t;完成集装箱吞吐量2.12亿TEU,其中沿海港口完成1.89亿TEU。2001~2015年我国港口货物吞吐量、集装箱吞吐量持续增长,年增长率总体上波动呈下降趋势,如图4-3、图4-4所示。1949年我国港口货物吞吐量仅为1.1亿t,1978年也只有2.8亿t,1981年港口集装箱吞吐量也只有10.3万TEU。港口生产能力的提高,保障了中国能源、原材料等大宗货物运输,有力地支撑了国民经济和对外贸易的发展。

我国沿海规模以上主要港口吞吐量持续快速增长,其中尤以上海、天津、宁波—舟山、广州、青岛和大连等港口货物吞吐量增长最快,自2010年上述港口货物吞吐量均超过了3亿t。1985~2010年,我国沿海规模以上主要港口货物吞吐量总体上呈现快速上升趋势,2010~2015年主要港口货物吞吐量增速放缓,如图4-5所示。

我国沿海集装箱干线港的实力不断提升,吞吐量的快速增长大大提升了其在国际港口运输中的地位与作用。根据2015年全球集装箱吞吐量排名前20位港口的数据来看,中国大陆港口占了8个,分别是上海港、深圳港、宁波—舟山港、广州港、青岛港、天津港、大连港、厦门港,分别位居第一、三、四、七、八、十、十五和十六位。占全球前20位港口集装箱吞吐量(31249万TEU)的47.7%,其中仅上海港

(3654 万 TEU)就占全球前 20 位港口集装箱吞吐量的 11.7%,约占世界集装箱运输总量(68900 万 TEU)的 5.3%。

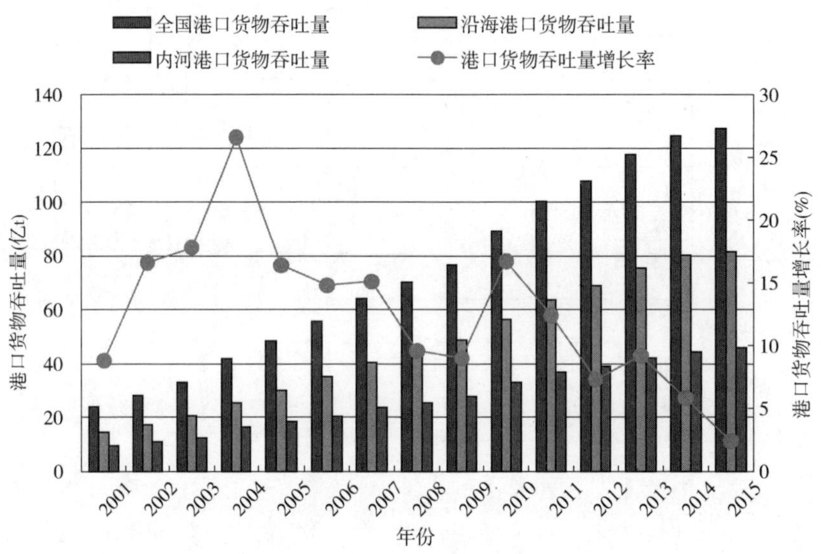

图 4-3　2001~2015 年我国港口货物吞吐量变化趋势图

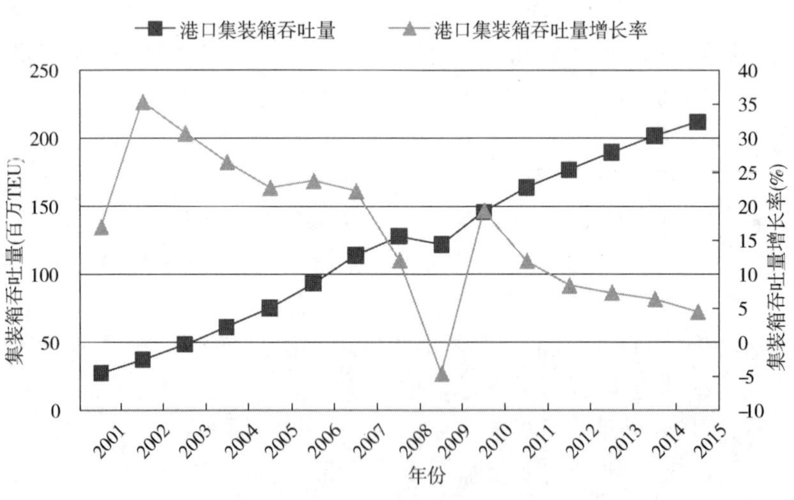

图 4-4　2001~2015 年中国港口集装箱吞吐量变化趋势图

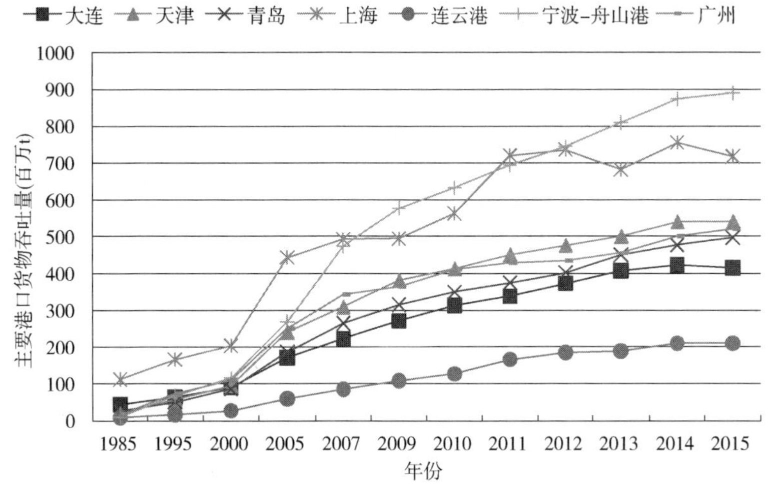

图 4-5 1985~2015 年我国沿海主要规模以上港口货物吞吐量趋势图

4)港口布局和功能结构不断优化

目前,我国沿海已经基本建立了主要港口、地区性重要港口和其他一般港口三个层次的港口体系,在长江三角洲、珠江三角洲、环渤海湾、东南沿海、西南沿海五大区域形成了规模庞大并相对集中的港口群。同时,在长江、珠江、黑龙江、淮河水系和京杭运河形成了绵延的内河沿岸港口带。以集装箱、煤炭、矿石、油品、粮食五大货种和客运为重点,构架了具有我国特色的水路客货港口运输装卸系统。

我国已经确立了南、中、北国际航运中心的基本框架,即围绕香港国际航运中心,发展香港、深圳、广州三港为主体的珠三角与华南区域港口群;围绕上海国际航运中心,发展上海、宁波、苏州三港为主体的长三角港口群;围绕建设东北亚国际航运中心和北方国际航运中心,发展以大连、天津、青岛三港为主体的环渤海区域港口群。近些年来,随着国际航运中心建设步伐的加快,我国港口集装箱吞吐量逐渐达到规模,上海、深圳、宁波—舟山港、青岛港等港口的集装箱吞吐量居世界港口前列,国际竞争能力不断增强。

总体上,我国港口布局进一步优化,功能结构不断完善。要进一步加快大型专业化码头和新港区建设,实施老港区功能调整和码头技术改造,加大区域性港口资源整合力度,码头泊位大型化、专业化程度大幅提升,使我国港口处于世界先进水平。目前我国已初步建成了布局合理、层次分明、功能齐全、河海兼顾、优势互补、现代化程度比较高的港口体系,供给和服务水平得到大幅提升。

专栏 4-1　我国五大港口群

我国五大港口群自北向南依次是环渤海地区、长江三角洲地区、东南沿海地区、珠江三角洲地区和西南沿海地区。

(1)环渤海地区港口群。主要由辽宁、津冀和山东沿海港口群组成,服务于中国北方沿海和内陆地区的社会经济发展。其中辽宁沿海港口群以大连东北亚国际航运中心和营口港为主,津冀沿海港口群以天津北方国际航运中心和秦皇岛港为主,山东沿海港口群以青岛、烟台、日照港为主。

(2)长江三角洲地区港口群。依托上海国际航运中心,以上海、宁波、连云港港为主,服务于长江三角洲以及长江沿线地区的经济社会发展。

(3)东南沿海地区港口群。以厦门、福州港为主,服务于福建省和江西等内陆省份部分地区的经济社会发展和对台"三通"的需要。

(4)珠江三角洲地区港口群。由粤东和珠江三角洲地区港口组成,依托香港经济、贸易、金融、信息和国际航运中心的优势,在巩固香港国际航运中心地位的同时,以广州、深圳、珠海、汕头港为主,服务于华南、西南部分地区,加强广东省和内陆地区与港澳地区的交流。

(5)西南沿海地区港口群。由粤西、广西沿海和海南省的港口组成,以湛江、防城、海口港为主,服务于西部地区开发,为海南省扩大与岛外的物资交流提供运输保障。

4.1.2　港口集疏运体系逐步完善,转运功能稳步提升

港口集疏运条件是港口实现基本功能和功能拓展的必要条件。在港口集疏运方面,经过多年的努力,我国港口集疏运体系已初步形成,公路集疏运设施已较为完备,特别在集装箱运输方面,主要以公路为主,其在全国港口集装箱集疏运量中占 80%以上,水运次之,铁路集装箱集疏运量较少。

1)水路运输

近些年来,我国沿海主要集装箱干线港如上海港、深圳港、天津港、宁波—舟山港等港口积极与国际航运公司合作开发国际航线,并形成了近远洋航线相结合、基本覆盖全球主要港口的国际航线,上海港、深圳港等集装箱干线港已成为各大船公司全球集装箱班轮运输网络的重要节点。

2)铁路运输

上海港、天津港、青岛港、宁波—舟山港、深圳港等港口也陆续开通了到达内陆城

市的集装箱"五定班列"。但是,随着我国港口集装箱吞吐量的快速增长,铁路运输在全国港口集装箱集疏运量中所占的比例仍然呈逐年下降趋势。与集装箱相比,铁路在铁矿石、煤炭和石油等大宗散货集散方面具有明显优势,所占比例相对较高。

3)沿海和内河航运

我国近年来重点推进了长江、珠江、京杭运河和长江、珠江三角洲水网骨干航道建设,而东部沿海地区也利用水网优势,大力建设内河航道,纷纷开展内河和沿海运输。上海、宁波等港口大力推进浙江沿海,南北主干、长江两岸的铁矿石、煤炭等干散货和液体散货运输中转网络建设,特别是上海港已经通过资产纽带与长江沿线的武汉、南京、九江、长沙、江阴、芜湖、重庆等港口建立了紧密的合作关系,吸引长江沿线集装箱货源到洋山港中转,洋山港水水中转的比例在50%左右。目前,我国集装箱运输已经形成遍及全球、远近洋结合、与沿海和内河支线相互衔接的国际集装箱班轮航线。

4.1.3 港口信息化建设不断推进,信息服务水平增强

信息化是港口提升服务功能的重要途径。我国港口的信息化水平虽然与发达港口相比还存在一定差距,但信息化建设在我国一些港口成效突出。目前,我国主要港口区域的EDI网络已基本建成,连接上万个EDI用户,沿海枢纽大港的集装箱EDI系统已达到国际先进水平,有20多种电子报文在集装箱运输业务系统中已经实质性运行,我国国际集装箱运输中近80%的运量实现了电子数据交换,取得了显著的经济效益和社会效益,已成为我国港航业生产中不可缺少的技术手段。我国的上海港、天津港、青岛港、宁波—舟山港等港口均已建立了EDI系统,已为发展现代物流提供了基本条件。随着各地港航管理信息化建设不断推进,我国港口信息化建设的投资力度逐渐加大,开发应用了港航管理综合业务系统,建立了水路交通行政处罚管理、行政许可网上审批、稽征管理、水路运输管理等信息系统。另外,信息化资源共享也日益受到重视并开始实施。

4.1.4 港口物流基础设施快速发展,物流服务能力不断提升

改革开放以来,我国港口立足于港口装卸、转运服务,以及理货、船舶供应等配套服务,不断加强服务创新。港口服务功能已由原来的装卸、转运向现代物流方向拓展,物流服务能力不断增强。近年来,我国一些港口已制定了发展物流业、整合港口资源、培育新的经济增长点的战略目标。港口所在城市也把培育港口物流业作为一个新兴支柱产业,以带动城市和地区经济腾飞。我国大部分港口也纷纷利用其自身的口岸、货物集散、基础设施、信息技术等优势,依托港口传统业务并通过

建立专门的物流园区、配送中心、物流信息管理系统和商品交易中心等平台(或下设独立的物流公司),开展综合性的物流服务。如深圳港引进外资建设码头,同时引进先进的管理技术与手段,开发建设港口物流园区,发展集装箱和散杂货集散、中转、拆拼箱、组装加工、海关查验等增值服务。上海港集团公司为了推进物流业务的发展,将原上海港国际集装箱货运有限公司、上海集祥货运有限公司、上海浦东集装箱物流有限公司和上海港口技术工程服务有限公司等20余家企业进行整合,成立了上港集团物流有限公司,整合了以港口物流为主要特色的物流服务链。大连港、天津港、青岛港、苏州港、重庆港等我国沿海和内河的主要港口,也都加大了对港口物流的开发力度,积极向物流枢纽型港口转型。一些大的物流运营商,如招商国际海运也通过参与港口物流园区的建设,依托物流地产,开展港口物流服务。

1)港口物流园区

港口物流园区的建设,是发展现代物流的重要基础,也是提升港口物流服务功能的主要举措。近年来,各地建设港口物流园区的热情高涨,地方政府为了推动当地港口物流的发展,纷纷在港区后方规划和建设物流园区。目前,我国一部分地区已建设起了一批具有相当规模和综合服务功能的物流基地和物流园区,这在沿海地区特别突出。例如,深圳市早在2001年就规划建设六大物流园区,其中盐田港物流园区和前海湾物流园区定位为发展港口集装箱中转、加工、转运和配送等物流服务的综合物流园区。一些大的物流运营商(如招商国际海运物流公司)也通过参与港口物流园区的建设、依托物流地产、开展港口物流服务。

2)保税物流园区和保税港区

在港口物流园区当中,各种政策较为齐全的是保税物流园区和保税港区。在保税物流园区内,海关通过区域化、网络化、电子化的通关模式,在全封闭的监管条件下,最大限度地简化通关手续。港口与保税区之间相关手续简便,实行“无缝对接”、多种运输方式有效组合、货物快速的流入流出。目前,我国在上海、大连、深圳、青岛、宁波、张家港、天津、厦门共有8个实行“区港联动”政策的试点园区。其中,一部分保税物流园区已初具规模。目前,外高桥保税区已经集聚起5000多家贸易企业,其中世界500强企业有128家落户,与世界上192个国家和地区发生进出口业务往来。与保税物流园区相比,保税港区将港口与保税区、出口加工区、保税物流园区的功能和政策更好地整合在一起,有一些保税港区是在原有保税物流园区的基础上直接升级而成的,例如大连大窑湾保税港区就是在大连保税物流园区的基础上,整合了部分港区并进行功能和政策升级而成的。

依托保税物流园区(保税港区),港口可以发展与保税相关的物流业务。在保税物流园区方面,如上海外高桥保税物流园区,积极开发货物分类、包装、加工、配送等新的服务领域,使园区辐射功能和综合服务功能不断得到新的提升。在保税港区方面,如上海洋山保税港区、天津东疆保税港区、海南洋浦保税港区、宁波梅山保税港区、广西钦州保税港区、厦门海沧保税港区、青岛前湾保税港区、深圳前湾保税港区、广州南沙保税港区、重庆寸滩保税港区、张家港保税港区、福州江阴保税港区和烟台保税港区等,这些保税港区既可以享受保税区、出口加工区相关的税收和外汇管理政策,而且可以全面发展港口作业、中转、国际配送、国际采购、转口贸易、出口加工等业务。

3)港口腹地无水港

内陆“无水港”,也叫内陆港,是现代港口拓展服务功能的重要载体。无水港将港口物流服务功能延伸到腹地,海关、国检、船公司、代理、物流公司等进驻无水港,受理定舱、提箱、报检、报关、仓储和运输等业务,其实质是在远离海港的内陆地区建设的具有国际海港相应功能的内陆港。进出口货物在无水港办结手续,通过铁路班列或公路班车与海港对接,实现无水港的国际海港功能。它是提升港口竞争能力,延伸港口产业链,发展国际物流业的重大战略举措。

目前,欧洲已有220多个内陆无水港,美国无水港数量也已突破380个,而亚洲地区仅100多个。从全局来看,无水港的设立不仅有利于海港运量的增加,服务品质提升,同样有利于内陆产业的集聚,外贸型产业的培育,实现港城共赢。

近年来,我国港口竞争日趋激烈,为了更好地为内陆进出口企业服务,推进以港口为核心的港口物流运作体系,宁波—舟山港、天津港、大连港等沿海主要港口纷纷加强与周边港口的合作,构建集装箱干线港、支线港的服务网络。同时,港口为了增强内陆腹地的辐射能力,积极建设“无水港”,构建港口内陆服务网络。现阶段,我国主要港口设立了无水港的区域,如表4-4所示。总体上,我国无水港建设无论从发展规模、布局数量而言,还是服务效能方面都尚处于起步阶段,尤其是珠三角及西南地区仍相对滞后。但随着我国“一带一路”国家战略的推进以及综合运输通道的进一步发展,我国将会有更多的沿海港口拓展内陆市场范围,设立无水港。

我国主要港口设立无水港区域 表4-4

港口群	沿海港口	设立区域	服务功能及范围
环渤海湾港口群	以大连港、营口港为中心	哈尔滨、长春、沈阳等市	辐射东北三省,旨在打通东北三省的货流出口通道,提高服务质量和效率
	以天津港为中心	内蒙古、河北、河南等省	辐射华北、西北地区,积极开展与内陆城市合作,旨在拓宽经济腹地,保持吞吐量的持续增长

续上表

港口群	沿海港口	设立区域	服务功能及范围
长三角港口群	以宁波—舟山为中心	金华、义乌、绍兴等市	城市经济相对发达,不仅可满足海港的运量需求,而且中短距离的无水港布局也可节约成本
珠三角港口群	以广州、深圳为中心	昆明、南宁等市	辐射西南沿海,包括四川省、云南省在内的长江上游

我国的无水港建设主要有两种模式:

(1)沿海港口为争取货源主动和内陆地区合建"无水港"

宁波—舟山港及天津港的无水港建设情况较好。从2007年起,宁波港在内陆多点布局无水港,金华、义乌、绍兴、衢州、上饶、鹰潭等无水港陆续建成投产。目前,宁波港正积极扩大省外海铁联运市场,建设集装箱铁水联运示范项目。2013年宁波港在浙江省义乌市构建物流平台,全力拓展"义乌无水港"服务功能,为入驻船公司提供全天24h验箱、修箱、提还箱、运输、运费结算等全方位服务。并积极探索"双重甩挂运输"模式。2013年,宁波港义乌无水港的运营总量超过40万TEU,同比增长21%。天津港已在10个省、区、市建立了23个内陆无水港,在带动口岸发展的同时,极大地拉动了腹地经济。2013年,天津口岸无水港运营总量完成28.2万TEU,同比增长44.3%。完善的内陆无水港网络布局,极大拓展了天津港的经济腹地,目前全港70%的货物吞吐量来自天津以外的各个省市。为了能够直接通关,天津港积极争得海关、检验检疫等部门的支持,在无水港建立相关口岸窗口,让口岸工作人员进驻无水港,实现了一次报关、一次查验、一次放行。

(2)内陆地区为发展本地经济建立无水港

内陆地区建立无水港以南昌市和西安市为代表。其中,南昌市主动与厦门港、深圳港和宁波港联系,通过海铁联运开通无水港。而随着全球金融危机对港口的影响逐渐深入,广州港、北部湾港等港口都加快了推进无水港建设的步伐,为港口发展培育新的增长点,将其作为港口发展现代物流、拓展港口功能和提高港口效率的重要途径。西安市设立了西安国际港务区,正将其努力打造为中国最大的国际型内陆港,连接欧亚大陆桥的重要现代物流中心和商贸集散中心。

无水港的建设,将借助内陆地区开放和丝绸之路经济带建设。据了解,目前我国近百个城市正积极筹划国际陆港项目,为积极整合目前各地区无水港布局,统筹推进各地无水港发展。

专栏 4-2 宁波—舟山港的无水港建设

随着沿海地区港口间的竞争加剧,为了实现更大吞吐量,近年来,宁波—舟山港加快经济腹地建设,分别与金华、义乌、绍兴、衢州、江西上饶、鹰潭6个地区签署了建设"无水港"合作备忘录,通过内陆无水港建设以港口为节点的内陆集疏运网络体系。宁波海关积极采取措施支持无水港建设,加强与内陆口岸协商,建立两地联系通讯录,扩大"无水港"的辐射范围;开辟专门通道,对"属地申报,口岸验放"、海铁联运等业务给予快速便捷通关,原来企业办理一票手续需要半个工作日,开设专门通道后1小时就能办结相关手续,提高50%以上的通关效率;配套利用"转码头监控系统",顺利实现货物在各码头间的灵活调运,提高运营效率,平均每票货物在港滞留时间减少6小时,提高码头利用率约10%。"无水港"的不断推进建设,对宁波—舟山港口物流的发展起到了积极推动作用。

4.1.5 港口与产业的关联性不断增强,港口服务链不断延伸

我国港口在传统的装卸、转运业务基础上向包装、加工、仓储、配送、提供信息服务等高附加值综合物流功能延伸,港口业的发展与关联产业的发展密切相关,港口与区域经济正在形成良好互动发展机制。"以港兴市、以市促港"成为港口城市的发展战略,利用港口区位优势,在港口周边地区发展临港工业和现代物流,是港口城市发展经济的重要方式。根据中国开发区相关统计数据,地处我国东部地区的47家开发区完成的地区生产总值、第三产业增加值、利用外资额约占国家级经济开发区完成额的比例分别为71.62%、76.39%、76.71%。我国东部沿海特殊经济区的地理位置体现了港口所在地区的区位优势,而特殊经济区的发展又促进了区域经济的发展。

港口的快速发展也带动了大量临港产业的集聚和发展。如在宁波—舟山港宁波港域,已基本形成了一条绵延20km以上的沿海临港工业带,临港工业在全市工业中占有三分之一的比例,并已从传统的劳动密集型工业率先走向资金和技术密集型工业,形成了以石化、钢铁、机械设备、造纸、汽配及修造船、能源六大行业为主的临港工业体系。随着中国工业化进程的进一步发展,围绕港口建立和发展临港工业的力度还在不断加大。

专栏 4-3 特殊经济区

特殊经济区,是港口发展的重要支撑,有力地带动了港口所在区域经

济的持续快速发展。

(1)上海自由贸易区。中国(上海)自由贸易试验区作为高度开放的外向型经济区域,产业基础雄厚,经济实现较快发展。2015年,中国(上海)自由贸易试验区实施范围扩展至120.72km^2,包括上海外高桥保税区、上海外高桥保税物流园区、洋山保税港区、上海浦东机场综合保税区4个海关特殊监管区域。税收总额1022.20亿元,比上年增长6.8%;商品销售额26866.48亿元,比上年增长6.0%;服务业营业收入3599.06亿元,比上年增长4.0%;保税区域航运物流服务收入1200.00亿元,工业总产值3901.03亿元。全年保税区域跨境人民币结算总额12026.40亿元,跨境人民币境外借款业务金额69.82亿元,跨境双向人民币资金池业务收支总额3392.07亿元。

(2)天津保税区。1991年5月12日经国务院批准设立,位于天津港港区之内,开发面积5km^2,是中国北方规模最大的保税区。作为高度开放的特殊经济区域,保税区具有国际贸易、现代物流、临港加工和商品展销四大功能,享有海关、税收、外汇等优惠政策。2014年,保税区实现地区生产总值1392.0亿元,同比增长15.4%,其中,第二产业实现增加值535.7亿元,同比增长23.1%;第三产业实现增加值856.4亿元,同比增长10.8%;工业总产值完成1841.6亿元,增长11.0%。在第二产业中,保税区优势产业如航空航天、高端装备制造、新一代信息技术、健康产业、大众消费品等保持较快增长,在工业中的占比达71.3%。

(3)广州开发区。2015年,广州开发区GDP、规模以上工业总产值、固定资产投资、财政收入和税收收入分别完成2337亿元、5537亿元、674亿元、620亿元、472亿元,五项主要经济指标总量继续位居全国开发区前列,其中,财政收入、税收收入总量分别位居全国开发区第一位和第二位,是全国开发区效益最好的开发区之一。

(4)大连保税区。已形成以电子、机械、塑料、家用电器为主的加工产业,以汽车、石油为主体的国际贸易大市场及为其配套服务的仓储物流体系。区域经济以每两年翻一番的速度迅速增长,目前正在打造国际一流的保税冷链物流基地。

4.2 我国港口对经济社会和交通发展的重要作用

我国港口是构建综合交通运输体系和促进国民经济与社会发展的重要物流节

点设施,是我国全面参与国际经济合作与竞争的重要支撑。港口的快速健康发展,不仅有力地支撑了我国国民经济平稳健康的发展和对外贸易的增长,而且在促进我国全面参与国际竞争与合作,引导我国生产力合理布局以及完善综合运输体系等方面都发挥了重要作用。

4.2.1 港口对我国国民经济社会健康快速发展发挥了重要保障作用

从我国国民经济发展的需要看,港口业是我国经济社会发展的基础性、先导性产业,国民经济持续健康发展离不开港口强有力的支撑。改革开放以来,我国经济发展快速,2014 年我国生产总值达到 643974.0 亿元,工业增加值 233856.4 亿元,全年货物进出口总额 264241.77 亿元。伴随中国经济以及世界经济的发展,中国港口作为多种交通运输方式的交汇点和国际物流枢纽,发挥了连接内陆和海向物流、辐射国际和国内市场的重要作用,为中国经济、对外贸易的发展做出了巨大贡献,充分显现了港口产业具备的服务属性。中国港口吞吐量已经连续九年保持世界第一,中国港口对中国经济发展起着重要支撑作用。我国港口对国民经济社会健康发展的贡献体现在多个方面,包含多种因素。2001～2015 年我国港口吞吐量与国内生产总值数据如表 4-5 所示。通过对 2001～2015 年我国港口吞吐量和 GDP 增长进行回归分析可以得出如下结论:港口吞吐量同经济发展之间存在正相关关系,反映我国国民经济与我国港口的发展形成了互动发展的良性循环,如图 4-6 所示。且港口吞吐量对中国经济增长存在显著性影响;港口货物吞吐量每增加 1 亿 t,可带动 GDP 增长 5539 亿元。

2001～2015 年我国港口货物吞吐量与国内生产总值数据分析表 表 4-5

年　份	国内生产总值(亿元)	港口货物吞吐量(亿 t)
2001	110863.1	24.00
2002	121717.4	28.00
2003	137422.0	33.00
2004	161840.2	41.72
2005	187318.9	48.54
2006	219438.5	55.70
2007	270232.3	64.10
2008	319515.5	70.22
2009	349081.4	76.57
2010	413030.3	89.32

续上表

年份	国内生产总值(亿元)	港口货物吞吐量(亿t)
2011	489300.6	100.41
2012	540367.4	107.76
2013	595244.4	117.67
2014	643974.0	124.52
2015	676708.0	127.50

来源:根据国家统计局、交通运输部等网站资料整理。

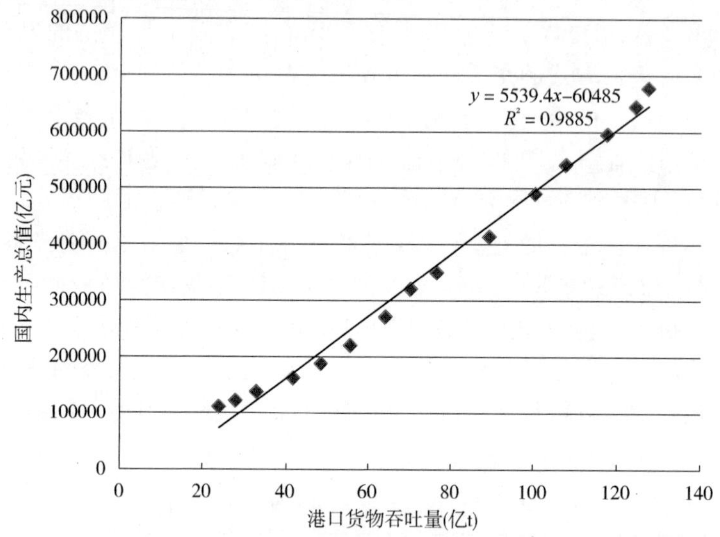

图 4-6　我国港口货物吞吐量与 GDP 线性相关趋势图

我国 2001~2015 年规模以上港口货物总吞吐量与五大货类(煤炭、石油、金属矿石、粮食、矿建材料)吞吐量趋势图,如图 4-7 所示。通过对 2001~2015 年以来我国规模以上港口主要装卸运输五大货类吞吐量和规模以上港口货物总吞吐量指标值的分析,发现五大货类在港口吞吐总量中的比例一直保持在 60%左右。表明港口在煤炭、石油、矿石、粮食、矿建材料等关系到国计民生的战略性资源和大宗物资运输中扮演着关键性的角色。

4.2.2　港口对我国全面参与国际竞争与合作发挥了重要支撑作用

在经济全球化高度发展的今天,港口已经不仅是城市和区域经济的基础设施,它已经发展成为全球资源配置枢纽和区域经济增长的强有力引擎,对所在腹地区域的经济发展以及社会进步都有重要影响。

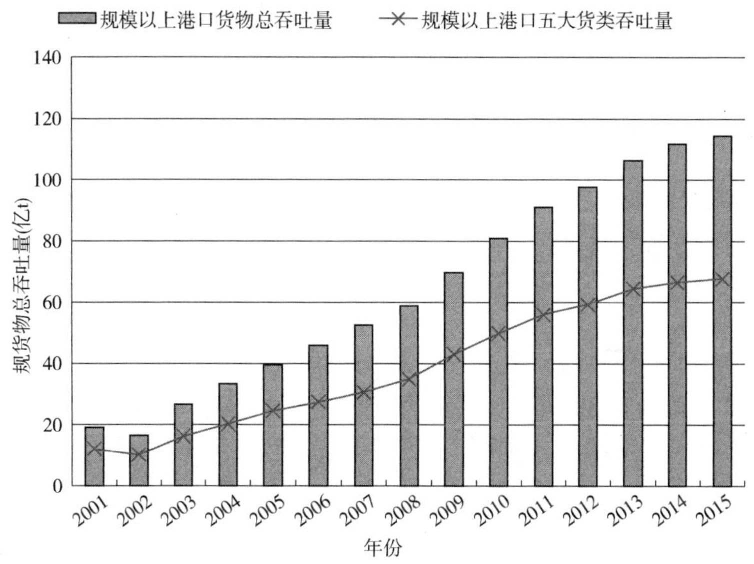

图 4-7 规模以上港口货物总吞吐量与五大货类吞吐量趋势图

港口的快速发展成为我国全面参与国际竞争与合作的重要支撑,是我国改革开放的重要推动力量。20 世纪 70 年代末实行改革开放政策后,我国国民经济对外依存度逐步提高,2010 年以后,我国经济对外依存度呈现逐年收缩的特点,但总体仍处于较高水平,这种经济结构反映出我国经济与世界经济关联十分密切的特点。在我国港口的发展过程中,全球或区域范围内的经济合作日益广泛和深入,世界上许多国家的经济对外依存度越来越高。国际层面的因素为我国港口面向国际国内市场、接轨国际规则创造了有利的外部环境。

我国港口是联系世界市场的门户和窗口,在国家对外贸易中起到了十分突出的作用。我国拥有 1.8 万 km 的海岸线,11 万 km 的内河航道,承担着 9%的国内贸易运输和 85%以上的外贸货物运输。集装箱运输成为我国港口经济发展的重要支撑点。随着我国国民经济的快速发展,我国已成为世界集装箱吞吐量快速增长的主要推动力量,我国与美国、欧洲、亚洲之间出现了前所未有的贸易流量。

2001~2015 年我国进出口总额与 GDP 的增长趋势图,如图 4-8 所示。通过对我国港口外贸货物吞吐量和进出口总额进行回归分析可以得出如下结论:港口外贸货物吞吐量与我国对外贸易发展之间存在正相关关系。且港口外贸货物吞吐量对我国对外贸易发展存在显著性影响:港口外贸货物吞吐量每增加 1 亿 t,可带动外贸进出口额增长 7352 亿元,如图 4-9 所示。我国外贸进出口总额对 GDP 的依存度，呈现出上下波动的发展态势。依存度从 2001 年的 38.1%快速上升到 2006 年的 64.2%，随后逐年下降，2009 年在全球金融危机影响下降至 43.2%，随后呈现出缓慢下降趋势，2015 年达到 36.33%，如图 4-10 所示。

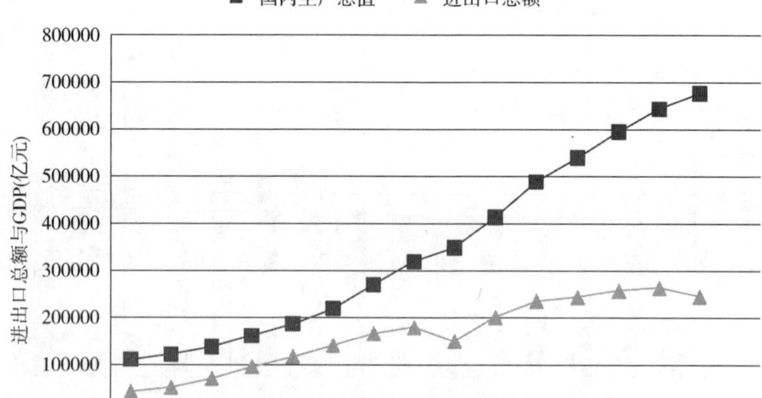

图 4-8　2001~2015 年我国进出口总额与 GDP 增长趋势图

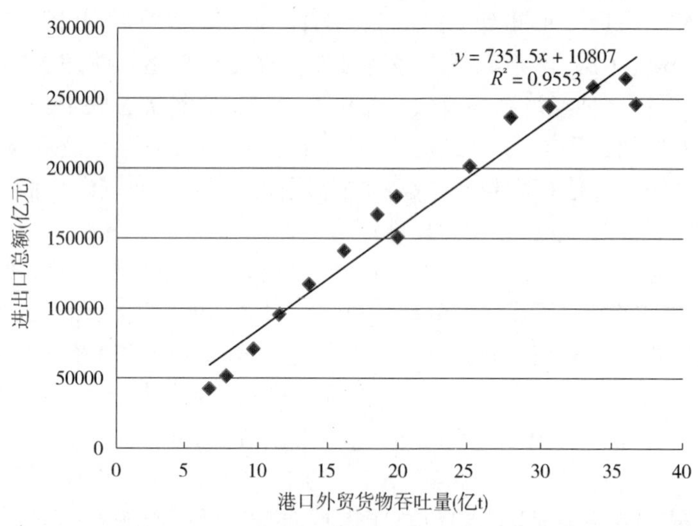

图 4-9　我国港口外贸货物吞吐量与进出口总额线性相关趋势图

2001~2015 年我国规模以上港口主要货类外贸吞吐量与总吞吐量的关系如图 4-11 所示。通过对 2001~2015 年以来我国规模以上港口主要货类的外贸吞吐量进行分析,可以发现主要货类的外贸吞吐量与总吞吐量的比例一直维持在30%以上。这进一步表明我国港口在支持国家外贸快速稳定发展、保障国家参与国际竞争和合作中起着重大作用。在旺盛的运输需求的带动下,大宗物资的外贸运输仍将保持稳步增长步伐。

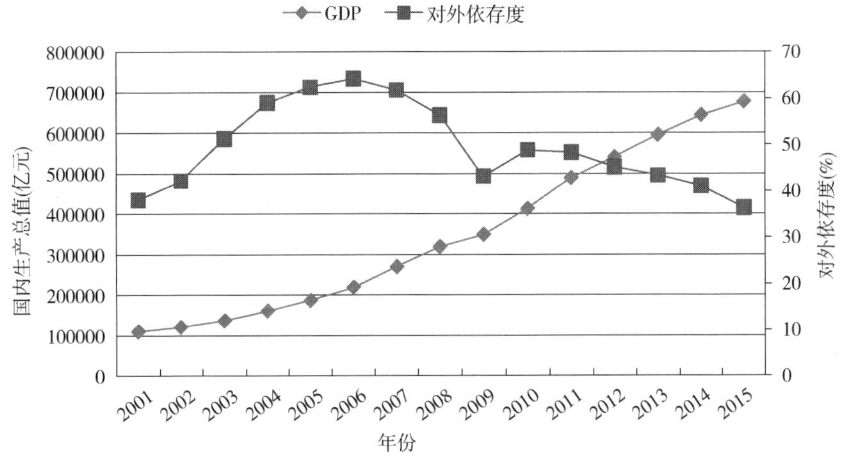

图4-10 我国GDP与对外依存度变化趋势图

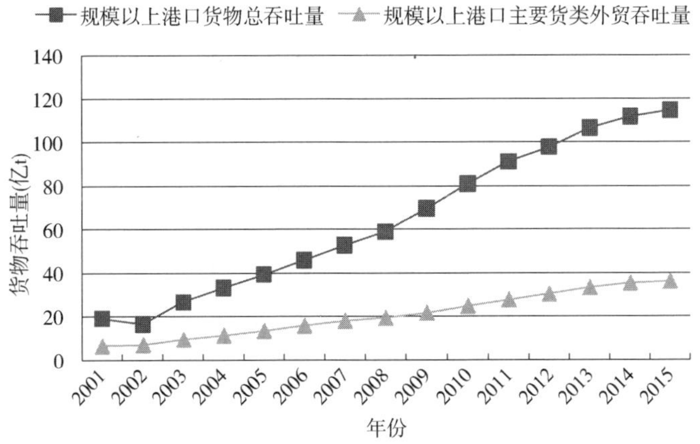

图4-11 2001~2015年规模以上港口主要货类外贸吞吐量与总吞吐量

4.2.3 港口对我国生产力合理布局发挥了重要促进作用

生产力布局是生产力诸要素、各种生产活动以及生产组织为实现特定目的而进行的空间配置。目前,我国沿海已经基本建立三级港口体系、五大区域港口群以及集装箱、煤炭、矿石、油品、粮食五大货类和客运的专业港口运输装卸系统。不断优化的港口生产力空间布局对我国生产力合理布局优化起到了重要推动作用。

港口是各种物流活动的主要承载体，它依托港口枢纽和大型公用物流节点设施，在承载城市与其他城市或区域之间的产品流通交换、产业链延伸及区域经济社会生产要素的合理配置方面发挥着重要作用。

1）促进区域生产要素在一定空间内合理流动

伴随着经济一体化的快速发展，各区域及各城市之间的经济贸易联系日益紧密，各种产品的交换和流通日趋频繁。但由于产品的流量、流向分布状况、物流通道能力、物流运输组织的经济合理性等多种原因，并非所有的产品实现从始发地到终到地的直达运输在经济技术上是合理可行的，需要由第三方在第三地通过中转完成两地之间的物流联系。港口在这一过程中发挥着不可替代的作用。港口的主要功能不是以满足其载体城市的日常生产、生活之需要为目的，而是凭借其港口交通区位优势、物流通道条件以及物流中转组织能力实现所衔接各个方向的大运量、高效率的干线运输，保持整个港口以及区域物流要素的畅通和高效流转，促进区域生产要素在一定空间内的合理流动。

2）促进区域产业的集聚和产业链的延伸

随着沿海地区港口间的竞争加剧，为了争取更广阔的经济腹地和货源，港口与内陆地区合建无水港。通过大力推进内陆无水港建设，并争取内地海关、检验检疫等口岸监管部门和铁路管理部门的支持，积极推进“区域通关”“直通放行”等通关政策的创新与实施，建立高效、便捷、稳定、安全的通关流程和业务合作模式，利于无水港货物通关提供口岸和运输便利，实现港口服务功能向内陆地区的延伸。同时，在有条件的港口实施“国际化”发展战略，投资开发国外优良港口资源，建立国际物流网络，或以港口资产为纽带，选择国外港口进行合作，建立友好合作型的战略联盟关系，延伸港口物流服务链。港口服务功能的拓展延伸，促进了区域产业链的延伸，增强了区域间的合作，优化了以港口为依托的生产力布局结构。

3）促进区域经济社会各生产要素的合理配置

港口是以满足港口城市及区域对外交往和内部生产生活等需求为直接目的的，通过合理组织实现与其他城市或经济区域间发生的直接物流交换联系。港口交换功能的发挥是以联系港口城市的干线运输通道为主要载体、以区域内的各个节点为目的地或源点、以组织多种方式联运等主要技术为手段，促进港口与经济社会生产要素的交换，并达到合理配置的目的。

一方面港口承担从外部进入城市的物资，以港口为起点实现与城市内部物流系统的有效对接，实现城市所需各类资源和产品的合理、优化、高效进入城市；另一方面，城市内生产的各类产品和其他要素，也通过城市内部物流系统汇集到港口，便于降低物流对城市其他功能活动的干扰，实现物流组织的优化和规模效益，为港口提供产品集散服务。另外，城市及区域经济社会发展，离不开对外的交流与联系，其中包括生产、生活物资和其他各类生产要素的输入与输出。港口城市一般是区域或更大范围内重要的经济城市，是生产、商贸活动及人口集中聚集的地点，也是大规模的物流、信息流和资金流的集聚地，需要大量的能源、原材料、半成品、产成品和各类生产要素的输入和输出，以满足整个城市及区域经济社会发展的需要。在完成经济社会生产要素交换的过程中，实现了以市场导向为基础的生产力资源的合理配置和空间优化，促进了港口局部生产力布局和经济社会整体生产力布局的协调发展。

4.2.4　港口对我国构建综合交通运输体系发挥了枢纽架构作用

港口对全国港口科学发展起到了重要的引领作用和指导作用。在全国沿海港口布局规划指导下，我国港口逐步形成布局合理、层次分明、功能明确、节约能源、安全环保、便捷高效、衔接协调、市场有序的水路客、货运输系统，服务覆盖全国，明显提升了全国港口的综合竞争力，基本适应国家经济、社会、贸易、国防等发展的需要。

综合运输体系的发展是现代社会经济对运输的客观要求，也是伴随科学技术不断发展，集装箱运输发展的必然结果。港口是水陆运输通道的重要的枢纽和节点，是我国综合运输体系的重要组成部分，既承担着运输方式交换点的职能，又是物流的集散中心，融多种功能于一体，其功能不断延伸、拓展，朝着提供全方位的物流增值服务目标发展。港口建设发展是整个综合运输体系的重中之重，对我国构建综合运输体系起着重要枢纽架构作用。沿海港口布局规划将保障港口与其他各种运输方式在能力、网络、布局等方面的协调、衔接，以更好地促进综合运输体系的形成与发展。

在我国交通运输“十二五”发展规划中，也强调了应统筹研究全国与区域内多种运输方式的综合布局。应加快完善以港口枢纽为中心节点的综合运输网络，实现低碳的多式联运、无缝衔接，进而向智能化发展，并应同步加快构建高效便捷安全的综合运输服务网络系统，大力提升物流增值服务的规模和水平。我国港口对于构建综合交通运输体系起着十分重要的基础作用。

4.3　我国港口发展阶段性特征分析

4.3.1　国外港口演变的代际特征

联合国贸易与发展委员在 1999 年提出了“第四代港口”的概念，给出的定义是:物流空间上分离但是通过公共经营者或管理部门链接的组织,即意味着新一代港口将超越原来运输枢纽中心、装卸服务中心及第三代所提的物流中心的概念,能够提供灵活、敏捷、准时的服务功能。第四代港口处理的货物主要是集装箱,发展策略是港航联盟与港际联盟,生产特性是整合性物流。

国内外研究认为港口的代际演变过程受特定时期生产力水平和经济贸易结构影响,港口的发展具有多样性和时代性特征,与世界经济形势、区域经济结构、科学技术水平有着密切联系,港口的发展不是限定在某一个阶段,或者沿着阶段循序渐进发展的,通过现代先进的管理体制、设施、技术等途径,可以实现港口代际的跨越式发展。对于第四代港口的特征,国外研究认为第四代港口应该进一步融入供应链的各个环节,实现敏捷化、灵活化、准时化的服务。

通过分析,本研究认为世界港口演化代际和特征,如图 4-12 所示。从图中可以看出,世界港口发展经历了四代演变过程,业态逐步升级,功能日益完备。从第二代港口开始,临港产业发展初具雏形,工业、商业开始落户,港口成为生产与贸易的场所和货物运输装卸的服务中心;第三代阶段则得益于港航技术、信息技术的发

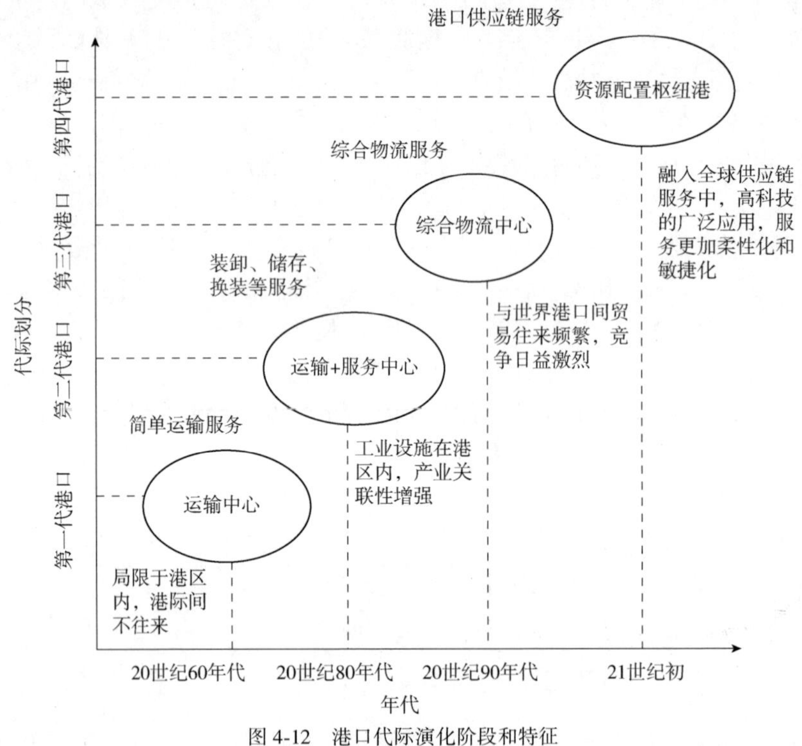

图 4-12　港口代际演化阶段和特征

展，为适应国际贸易和全球物流的需求，部分港口逐步发展成为集国际物流中心、贸易中心、金融中心和工业中心为一体的综合性区域，出口加工区、国际贸易区、保税区、物流园区等各类经济功能区不断兴建；第四代港口表现为越来越多的港口努力实现功能定位的转变，以城市为主体，以自由贸易为依托，逐步发展成为全球供应链的国际航运中心，在空间布局上也形成了以国际航运中心为核心，以地区性枢纽港、支线港、喂给港为辅助的港口群结构。纵观港口发展历程，可以发现，港口的市场范围越来越大，业务体系逐渐完善，关联产业服务能力越来越强，第四代港口将是世界先进港口发展的重要方向。

4.3.2 我国港口发展的阶段性特征

改革开放以来，我国港口的发展总体上呈现出以下特征：港口码头呈现出高科技、专业化、规模化、大型化、深水化特点；港口服务功能不断拓展，朝着综合物流服务发展，并注重物流服务网络的延伸；港口运营管理更加现代化、信息化；港城关系日益密切，产业关联度不断增强，港口开始重视绿色环保可持续发展。

综合以上发展特征，结合港口代际划分的一般标准，分析判断如下：我国大部分港口处于第二代港口向第三代港口发展的阶段，有些大型先进大港已经具备第四代港口的一些特征；并非所有的港口都要经过从第一代到第四代的发展过程。一些在世界范围内已经具有影响力的大型沿海港口，例如上海港等已经跨入世界先进大港行列，这些大港在建设以物流中心为特点的第三代港口的同时，已呈现一部分第四代港口的功能特征，正在迈向新一代港口的发展阶段。同时，一些中小型港口，由于受区域经济、腹地发展环境的影响，港口用户对港口功能的需求以最基本的货物装卸、换装功能和部分加工功能为主，未来仍将以第二代港口或第三代港口为发展方向。

4.4 我国港口发展存在的主要问题

总体上，我国港口面临的问题是发展过程中的问题，需要通过发展来解决；这些问题与我国经济转型发展要求不相适应，与港口转型升级发展不相适应，影响港口的可持续发展。

4.4.1 港口规划布局尚需进一步优化

从全国的角度来看，我国港口初步形成了港口群体布局，但港口的整体功能布局不尽合理，差异化、分工有序的发展模式有待调整完善，沿海区域内部分港口竞争日益激烈,港口服务功能难以进一步拓展。区域范围内有些港口之间缺乏合理分工,尚未形成干线港、支线港和喂给港相互协调发展的局面。随着城市与港口的快速发展,部分老港区和城市之间也产生了一些新的矛盾,港城之间发展空间相互制约,阻碍了港口服务功能的发展。另外,一些地区在港口建设上存在较大的盲目性,使得我国港口土地、港口岸线特别是深水岸线等宝贵资源不能得到有效利用,进而影响港口为经济社会服务能力的提升。总体上看,港口的规划布局有待进一步优化和调整。

4.4.2 港口集疏运体系有待进一步完善

随着我国港口吞吐量尤其是集装箱吞吐量的快速增长,我国港口集疏运矛盾越来越突出,港口物流效率受到了很大的影响,港口集疏运体系有待进一步完善。

(1)港口铁路集疏运有待进一步加强。目前,我国一些港口的码头与铁路线路分离,对外通道较少,港区缺少直接进入的铁路支线,港口集装箱的海铁联运比例需要进一步提高。

(2)公路集装箱的集疏运压力较大。据统计,就我国沿海港口集装箱的集疏运而言,公路集疏运比例占到80%以上,这对港口所在城市的交通造成了很大压力。另外,社会车辆和进出港车辆共用疏港路的现象比较普遍,不利于提高集卡进出港的效率。

(3)由于内河航运基础设施差造成无法有效利用。以港口为中心的多式联运发展受到较大制约,影响了港口的组织水平和物流整体效率的提升。

4.4.3 港口物流信息资源有待整合和资源共享

我国港口要提高服务能力和水平,不仅要具备可提供运输、仓储、装卸等物流服务的硬件设备和经营网络,还必须建立能够提供快速、安全、高效、便利的物流信息服务网络体系。目前,我国港口信息化整体水平还不高,以港口为中心的电子口岸信息系统虽然已经初步建成,但信息互联互通、数据共享、身份认证、技术数据标准统一、企业普及应用等方面还需要不断推进和提升。另外,海关、检验、检疫等地方监管部门相关信息资源尚未进行信息共享,这不利于建立高效、便捷、安全的进出口物流信息服务网络体系。

4.4.4 港口(群)间全方位、多层次合作有待加强

目前,我国港口对于腹地市场的争夺竞争激烈,港口同质化趋势较为突出,这些不利因素既影响了我国港口资源的有效利用,也影响了港口国际竞争力的提升,

为周边国外港口开拓市场提供了可能。我国港口亟待在物流、技术、信息、深水泊位、拖轮、驳船等方面开展全方位、多层次的合作,相互协同配合,实现资源共享和优势互补,为客户提供一体化物流服务,以谋求港口群内港口的整体利益最大化,形成合作共赢的新局面。

4.4.5 港口发展与城市生态环境间矛盾日益凸显

欧美国家自21世纪初便开始重视港口与城市和谐发展的关系,积极出台政策和措施减少港口对城市生态环境的污染,而我国港口本身发展起步较晚,对于绿色生态港口的建设也是处于起步阶段。随着我国沿海港口的规模越来越大,港口与城市生态环境之间的矛盾越来越突出,港口建设、运营对城市、生态所产生的负面影响开始日益凸显。

第5章　新时期我国港口发展和规划的政策建议

通过提炼、总结世界各国典型港口在规划、建设和管理方面的经验，分析其发展新趋势、新要求，以及分析周边典型港口发展对我国沿海港口布局规划和发展影响，并针对我国港口发展的阶段性特征，提出“十三五”期间，我国港口发展和规划制定的对策措施，以推进我国沿海港口的健康持续发展。

5.1　总体发展思路

新时期，我国港口的发展与规划需坚持“创新、协调、绿色、开放、共享”的发展理念，依托“一带一路”和海上互联互通的国家发展战略，积极借鉴和总结国外典型港口的先进经验和发展理念，充分考虑我国港口的优势作用和阶段性特征，加快拓展我国港口物流服务功能，提升港口国际竞争力，推动建立周边港口发展新动态的警觉响应机制；同时，鼓励有条件的港口大胆走出去，进一步拓展港口国际合作和发展空间，努力构建陆海统筹、国际互通合作、绿色环保、健康有序的港口发展格局，有效促进我国经济持续健康发展。

5.2　2020年前，我国港口发展的核心任务

5.2.1　加强政府宏观引导，完善港口布局规划体系

1）加强港口规划与相关规划的衔接

将港口规划纳入我国交通运输发展规划体系之中，并与经济社会发展五年规划、城市总体规划、土地利用总体规划、海洋功能区划等相关规划衔接。创新发展理念，扬长避短，发挥比较优势，实现港口与城市、港口与区域的协调发展，把区域生产力布局、城市规划建设和港口发展有机结合起来。港口建设用地、铁路、公路、电力、给排水等与港口密切相关的基础配套设施规划，要与港口发展相适应。当其他分区规划和专项规划与港口规划发生矛盾时，原则上服务和服从于港口规划。

2)加强港口规划修编与港口建设

加强对港口发展的顶层设计,开展对重大战略问题、热点问题的研究,创新港口规划理论与方法,进一步提高港口规划的科学性。在《全国沿海港口布局规划》的基础上,结合新的发展形势和发展趋势,修编《全国沿海港口布局规划》。加强对港口建设和运营的跟踪分析,对港口发展与国民经济运行的适应性进行评估,开展分层次港口及重要货类运输系统港口布局规划的深化论证工作,适时启动全国及区域沿海港口布局规划修编工作。

以港口规划为依据,规范港口建设。未经规划审批机关批准,任何地方和单位不得违背规划审批、核准项目和违规建设。严格岸线审批管理,按照"规划先行、科学利用"的原则,正确处理港口发展与岸线保护和储备的关系。规划港区范围内的建设用地,不得以任何理由改变用地性质挪作他用。严格按照海洋功能区划和港口规划进行港口、海域管理,确保港口发展建设用海。

5.2.2 完善港口集疏运体系和物流网络建设

1)加强港口集疏运通道建设

港口集疏运通道是否通畅是发挥港口优势的关键。针对当前集疏运通道资源日益紧张的状况,积极引导各主要港口立足本港实际情况和长远发展目标,优化港口集疏运通道规划方案,协调各种运输方式,从系统最优和切实提高资源综合使用效率角度配置有限的通道资源。高度重视港口后方集疏运通道的建设,尤其要重视港口与后方铁路、公路干线网连接线的建设,完善港口现代集疏运系统。

鼓励和支持部分主要港口推进核心港区的铁路通道建设,立足提高现有通道资源利用效率、优先通过技术改造提升进港铁路通过能力,根据通道资源情况及铁路集疏运量增长情况相应建设港口与铁路的编组站、连接线、复线。积极推进直通腹地的高速公路网建设,完善集疏港公路网络,实现客货运交通功能分离,显著提高集疏运效率。

加快推进疏港高速公路建设,通过技术改造优化提升既有高速公路线路等级,避免与城市道路的交叉,对影响集疏运通道运行效率的临港堆场、停车场等设施进行优化调整。鼓励和支持集装箱专用疏港公路的可行性研究,积极研究建设方案,推行客货分流和集卡车辆专道专行。

同时,推进集装箱和大宗干散货港区后方铁路通道及场站建设,积极发展铁水联运。积极促进铁路与主要港口及具备条件的综合物流园区的衔接。大力发展管道运输,积极促进以港口为起点的输油管道规划和建设。开展集疏运体系建设示范工程等。

2）推进内陆腹地物流网络建设

健全内陆腹地物流网络。加大沿海港口与内陆腹地的运输网络建设。注重整个沿海经济带的统一规划，加强临港经济区之间的运输通道联通。完善汽车运输体系。大力发展海铁联运，提升班列和大陆桥运量，积极争取国家政策支持。积极争取海关的支持，加强与腹地的沟通协调以及与腹地物流企业的联合与合作，进一步加快具有综合物流集散功能的内陆“无水港”建设，探索港口功能、保税功能和口岸功能的延伸和拓展。

5.2.3 推进港口转型升级，优化港口资源配置

1）统筹港口功能布局，加大港口资源整合力度

随着我国港口群的快速发展，港口之间的竞争越来越激烈，港口结构性矛盾日益显现。从国际国内发展经验来看，对一定区域内的港口群进行科学整合、合理分工定位是新的发展趋势。因此，有必要从全国视角分析，深入开展全国港口资源整合的相关研究，充分吸收借鉴国内外港口资源整合的经验，统筹全国港口功能布局，推动区域港口群的科学整合，尽快形成布局合理、结构优化、层次分明、功能完善的现代化港口体系。

港口行政主管部门根据市场规律和港口实际，稳妥推进港口资源整合，鼓励以优势港口企业为主，采取合资合作、兼并重组等多种形式实施企业间资源整合，优化港口资源配置，注重提高港口效率和企业效益，提升区域港口现代化水平和整体竞争力。鼓励港口企业与石化、冶金、电力、航运等企业开展多种形式的合作，延伸港口服务产业链，实现港口生产与产业发展的双赢。地方各级人民政府根据区域港口资源特点和发展需要，加强区域内港口资源配置的监管，及时总结和协调解决港口资源整合中出现的问题，完善配套政策措施，为港口健康持续发展创造良好条件。

2）集约利用岸线资源，优化港城用地空间

（1）调整优化老港区资源

①重视和加强老港区改造工作。继续实施老港区专业化改造，推进老港区功能调整与优化，提高既有设施通过能力和岸线资源利用效率。

②全面实施老港区节能减排和环保设施建设，有效降低煤炭、铁矿石等码头产生的粉尘污染，促进港口与城市的和谐发展。

③进一步加强老港区城市化改造的管理与指导，地方各级港口行政主管部门应落实港口城市化改造的补偿政策，稳妥实施老港区城市化改造与搬迁，保障港口生产的连续与稳定。

④全面推进老码头结构加固改造工作，充分利用港口岸线资源，保障港口生产安全，进一步提高港口的适应能力。

(2)稳步实施新港区开发

①明确发展重点。结合国家区域发展战略、主体功能区规划、城市发展及产业布局的新要求，深化和完善各省(区、市)区域港口布局规划，统筹新港区与老港区合理分工，统筹区域内新港区的功能定位，进一步明确和突出区域内的重点新港区，注重形成规模效应，带动和促进临港产业集聚发展，实现新港区与临港产业良性互动发展。

②合理确定开发规模。深入研究新港区建设条件，结合资源特点、区位条件、城市发展和产业布局需要，科学、合理确定新港区的布置方案与开发规模，避免贪大求全。同时，做好新港区开发与国土、海洋等方面的协调，加强对港口岸线和集疏运通道线位等资源的保护。

③坚持有序开发。新港区开发应坚持“规划指导、需求导向、有序开发、分期实施”的原则，妥善处理好近期与长远、规模与效益的关系，制定分期实施方案。合理确定新港区防波堤、航道、码头等起步工程建设规模，结合产业布局进展和港口运行实际情况，稳妥把握后续工程建设节奏，切实提高投资风险意识，避免过度超前。

3)提升港口专业化水平和公共服务能力

(1)加强煤炭、石油、铁矿石、集装箱、液化天然气、粮食和汽车滚装等专业化码头改造与新建，优化运输组织，进一步提升港口专业化服务水平和运输效率，推动港口转型升级。

(2)大力发展公用码头，推进码头设施建设投资主体多元化，鼓励和规范企业专用码头在公平竞争前提下提供社会化服务，进一步提升港口为社会提供公共服务的能力与水平，提高港口资源利用效率。

5.2.4 引导临港产业集聚，促进港城协调发展

(1)统筹区港建设，坚持港口码头建设与临港产业布局相结合，引导产业集聚，打造延长经济产业链。充分考虑港口对后方关联产业的带动作用，大力发展面向临港工业的临港配送、仓储、加工等现代物流增值服务，实现港口建设和发展临港产业互动发展，促进完整产业链的形成，进而带动整个区域经济的整合和发展。

(2)强化港口与产业、港口与城市的相互促进，优化港口发展环境。充分发挥港口岸线的资源配置作用，支撑和引领产业发展，优化地区生产力布局。加强与大型石化、冶金、电力等企业集团的合作，合理布局临港产业，加快推进产业集聚，以重大项目为龙头的逐步带动形成沿海产业带。

5.2.5 促进港口群协调发展,完善现代港口服务体系

促进大中小港口协调发展。加快上海、天津、大连、厦门国际航运中心建设,进一步提高我国沿海港口发展水平与国际竞争力,服务国家战略需要。继续强化主要港口在全国港口中的骨干地位,有序推进港口基础设施建设与完善,大力拓展现代物流、现代航运服务功能,着力提升发展水平,充分发挥主要港口在综合运输体系中的枢纽作用和对区域经济发展的支撑作用。积极推进中小港口发展,加强基础设施建设,发挥中小港口对临港产业和地区经济发展的促进作用。推动大中小港口协调发展,形成我国布局合理、层次分明、优势互补、功能完善的现代港口体系。

促进区域港口群协调发展。贯彻国家区域协调发展战略,针对当前区域港口发展的突出问题,把握区域港口发展重点,推进五大港口群体协调发展。

1)环渤海地区

(1)完善煤炭装船、外贸铁矿石接卸码头布局。统筹开发新港区,重点推进符合国家重大产业布局规划和对区域经济发展具有重要带动作用的新港区开发,注意把握建设节奏,突出重点、分期实施,避免过度超前和分散建设。

(2)积极发展大连、天津、青岛等主要港口现代物流、现代航运服务等功能。

2)长江三角洲地区

(1)进一步完善集装箱运输体系、大宗散货海进江中转体系和江海物资转运体系,把握外贸进口原油码头建设节奏。积极推进沿江港口资源整合,提高资源利用效率。

(2)苏北沿海港口应进一步突出发展重点,结合港口建设条件和产业发展需要,有序推进基础设施建设。

(3)浙江沿海港口应完善港口规划,明确发展重点,合理布局大宗散货码头,推进港口与产业的规模化发展。

(4)加快发展上海、宁波—舟山等主要港口现代物流、现代航运服务等功能。

3)珠江三角洲地区

(1)在继续巩固香港国际航运中心地位的基础上,积极发展深圳、广州等主要港口现代物流、现代航运服务等功能。建设公共煤炭接卸码头,完善中转运输体系。

(2)把握集装箱码头建设节奏,适时完善集装箱码头布局。

(3)根据区域经济一体化和转型升级发展要求,研究推进珠江口港口资源整合,推动粤东、粤西港口协调发展。

4)东南沿海地区

(1)进一步加强规划指导,根据海峡西岸经济区发展要求,合理布局、有序建设码头设施,注重港口开发与产业布局的互动发展,提高港口专业化、规模化水平。

(2)把握集装箱码头建设节奏。加强对台运输码头设施建设,加快完善两岸直接"三通"水运基础条件。

5)西南沿海地区

(1)适应区域经济发展新要求,加强基础设施建设,有序发展专业化、规模化港区。

(2)积极推进老港区专业化改造,注重环境保护。

(3)加强规划指导和行业管理,合理利用和有效保护岸线、土地等资源。

5.2.6 完善绿色港口体系,促进港口可持续发展

(1)按照交通运输部印发的《公路水路交通运输节能中长期规划纲要》、《建设低碳交通运输体系指导意见》、《建设低碳交通运输体系试点工作方案》、《公路水路交通运输"十二五"节能减排规划》、《加快绿色循环低碳交通运输发展指导意见》、《"十二五"水运节能减排总体推进实施方案》(交水发〔2011〕474号)》、《关于推进水运行业应用液化天然气的指导意见》(交水发〔2013〕625号)、《交通运输部关于港口节能减排工作的指导意见》(交水发〔2012〕551号)等政策文件的要求,结合"十三五"期间港口节能减排工作面临的新机遇与新挑战,落实和细化交通运输部《公路水路交通运输节能减排"十三五"规划》的总体部署,完善我国绿色港口发展体系,解决新时期港口行业面临的可持续发展问题。

(2)坚持政府主导、法规约束,示范引领、制度创新的原则,把绿色循环低碳发展理念贯穿落实到港口发展的各个领域和各个环节,构建以低消耗、低排放、低污染、高效能、高效率、高效益为主要特征的绿色循环低碳港口规划体系,实现社会效益和环境效益的有机统一。

(3)着眼于发展绿色交通,强化总量控制(能耗、碳排放和污染排放)和效率提升(能源效率和污染浓度)"双控"制度;着眼于建立长效机制,进一步强化运用法律、标准、价格等手段,发挥节能减排与结构调整的互动效应;着眼于发挥市场在配置资源中的决定性作用,进一步完善节能量交易、碳排放交易、合同能源管理、节能减排自愿协议等市场化机制;着眼于发挥科技创新对港口节能减排的支撑作用,进一步加大力度并聚焦科技研发和成果推广应用;着眼于强化港口节能减排的自觉意识,进一步加强能力建设,提高各项宣传动员和教育培训活动的社会效应。

5.3 激烈竞争环境下我国港口发展的对策建议

5.3.1 发挥政府职能，营造港口发展的良好环境

(1)交通运输行业主管部门应准确、超前把握港口行业发展趋势，洞悉行业竞争格局，及时修改完善相关的标准、规范；调整全国沿海及区域性港口布局规划和主要港口及地区性主要港口的总体规划。

(2)政府主要发挥维护公平透明市场秩序、简政放权、提高效率和宏观战略引导作用，为港口企业更好地实现服务拓展和创新，营造良好的发展环境。

5.3.2 制定相关扶持政策，鼓励企业投资、运营海外港口

(1)港口和航运企业海外投资建设、运营港口，在一定程度上是保障运输通道安全、畅通的一支重要力量。

(2)落实"21世纪海上丝绸之路"战略构想，积极研究制定相关扶持政策，支持和引导大型港口企业走出去，开展境外投资和跨国经营业务，努力成为具有国际竞争力的全球性码头运营商。

(3)开放相关市场、保障相关资质、维护我国相关企业海外权益等。

5.3.3 提升我国港口的适应能力，满足船舶大型化发展需要

(1)适应大型船舶停靠需要，有关港口部门需加大港口航道建设投入，加快码头升级和航道改造，在港口装卸能力、作业效率、服务水平等方面及时做出相应调整，更好地应对船舶大型化发展趋势。

(2)针对超大型船舶尤其是巴西淡水河谷超大型矿石船队运输，可能威胁我国行业和经济安全的情况，国家主管部门应适当引导和规范市场。

5.3.4 注重绿色港口建设和海洋环境保护，树立良好海运强国形象

(1)我国是港口大国，要想成为"港口强国""海运强国"，需要更新发展理念，注重绿色港口建设和海洋环境保护。

(2)在防止船舶污染、溢油应急等领域加强与周边国家交流与合作，保护好丝绸之路沿线海域环境，树立良好的海运强国形象。

(3)在全球港口紧跟欧洲港口步伐推进绿色港口建设趋势下，我国港口需加大对绿色港口建设的扶持和引导力度，通过多种途径改造老旧港口基础设施，更大限度地利用清洁能源，打造国际一流、环境优美的友好型港口。

参考文献

[1] 国务院."十二五"综合交通运输体系规划[Z].2012.

[2] 全国人民代表大会.中华人民共和国港口法[Z].2004.

[3] 中华人民共和国交通运输部.全国沿海港口布局规划[Z].2006.

[4] 中华人民共和国交通运输部.港口规划管理规定[Z].2007.

[5] 中华人民共和国交通运输部.关于促进沿海港口健康持续发展的意见[Z].2011.

[6] 中华人民共和国交通运输部.交通运输部关于推进综合运输体系建设的指导意见[Z].2011.

[7] 中华人民共和国交通运输部.交通运输"十二五"规划[Z].2011.

[8] 交通运输部科学研究院.我国港口服务功能拓展研究[R],2011.

[9] 中华人民共和国交通运输部.关于加快"十二五"期水运结构调整的指导意见[Z].2012.

[10] 中华人民共和国交通运输部官方网站.交通运输行业发展统计公报[Z].2000—2015.

[11] 中华人民共和国交通运输部.关于交通运输推进物流业健康发展的指导意见[Z].2013.

[12] 中华人民共和国交通运输部.2014年全国交通运输工作会议讲话——深化改革,务实创新,加快推进"四个交通"发展[R].2014.

[13] 中华人民共和国交通运输部.关于推进港口转型升级的指导意见[Z].2014.

[14] 中国港口协会.中国港口发展报告[R].2011 2015.

[15] 上海国际航运研究中心.全球港口发展报告[R].2012—2015.

[16] 交通运输部科学研究院编译.国外交通专题报道之九:德国货运与物流总体规划[R].2009.

[17] 交通运输部科学研究院编译."十二五"期国外交通专题报道:《欧盟白皮书欧洲一体化交通区域路线图——打造充满竞争力、资源高效利用的运输系统》《英国港口规划政策声明》《美国运输部2010—2015年战略计划》《美国运输部可持续发展绩效战略计划》[R].2011—2012.

[18] 交通运输部科学研究院.赴台湾港口实地考察资料[R].2013,2014.

[19] 交通运输部科学研究院.赴日本港口实地考察资料[R].2013.

[20] 交通运输部科学研究院.赴比利时安特卫普港口实地考察资料[R].2014.

[21] 真虹,刘桂云,张婕姝.第四代港口及其经营管理模式研究[M].上海:上海交

通大学出版社,2010.

[22] 庄佩君.海运物流与港口城市-区域发展[M].北京:科学出版社,2014.

[23] 上海国际航运研究中心.全球港口发展季度分析报告[R].2013—2015.

[24] CNSS 媒体中心.新加坡 2012 年船用燃油销量下降 1.2%.2013.

[25] 董岗.纽约-新泽西港务局运营自由贸易区经验及借鉴[J].水运管理,2013,9.

[26] 沈舒唯.新加坡将全力维持第一大中转港的地位[J].海运情报,2014.8.

[27] 丁敏,王海霞.船舶大型化发展趋势及其对我国港口业发展的影响[J].中国港口,2013,7.

[28] 汪长江.港口物流学[M]. 杭州:浙江大学出版社,2009.

[29] 王海平.港口发展战略与规划[M].天津:天津人民出版社,2005.

[30] 王海平.中国崛起新起步-港口经济加快转变发展方式[M].天津:天津人民出版社,2010.

[31] 刘秉镰,王燕.区域经济发展与物流系统规划[M].北京:经济管理出版社,2010.

[32] 毛立群,黎凡.港口与港市文化[M].上海:复旦大学出版社,2009.

[33] 刘明辉.腹地型港口物流系统节点设施规划布局与运作机制研究[D].北京:北京交通大学,2011.

[34] 翟志伟.我国内陆无水港发展模式及竞争力评价研究[D].大连:大连海事大学,2011.

[35] 管佳佳.上海港发展成为国际枢纽港的策略研究—从上海港和鹿特丹港的比较分析谈起[D]. 上海:复旦大学,2004.

[36] 张咪.港口群物流协同模式研究[D].武汉:武汉理工大学,2011.

[37] 王瑾.上海集装箱枢纽港建设研究[D].上海:华东师范大学,2006.

[38] 罗芳,宋培培.青岛港和上海港港城关系的比较分析[J].福建论坛(人文社会科学版),2013,3.

[39] 王学峰,陈扬,金琳,朱昱音.国际航运中心的变迁与发展模式研究———基于史料的案例分析[J].科学发展,2013,6.

[40] 汪传旭,董岗.航运中心与城市协调发展的国际经验与上海策略[J].科学发展,2012,2.

[41] 翁曼莉.我国海运业发展趋势及其经济影响[J].物流工程与管理,2013,6.

[42] 吴庆.新加坡港口物流业发展的经验及启示[J].港口经济,2012,12.

[43] 李昌明,杨明明,沈杰.一体化环境下津冀港口群战略联盟构建研究[J].物流技术,2012,7.

[44] 姜宝,张伟杰,李剑.珠三角地区港城关系协调发展水平研究[J].中国水运,2012,2.

[45] 杨明祥.德国港口建设和发展临港产业的经验及启示[J].政策瞭望,2008,3.

[46] 姚苑平,温莉.新时期欧美主要港口的发展理念与思路[J].中国水运,2009,7.

[47] 彭传圣.洛杉矶港和长滩港对美国经济的影响分析[J].综合运输,2007,11.

[48] 龚月明.北海沿岸欧洲主要港口的运输方式转换[J].海运情报,2011,10.

[49] 梅冠群.世界港口发展模式、演进方向与经验借鉴[J].中国流通经济,2012,12.

[50] 陈继红,路瑶.中国环渤海湾区域主要港口发展布局及其层次划分[J].地域研究与开发,2012,10.

[51] 宗刚,胡蓓蓓,韩建飞.中国沿海港口网络空间结构的复杂性研究[J].中国软科学,2012,12.

[52] 陈有文,王晋.从历史维度分析海运贸易全球化对世界港口城市体系的影响[J].水运工程,2012,5.

[53] 郭湖斌.新加坡建设国际航运中心的经验借鉴与启示[J].物流科技,2013,6.

[54] 李红兵,佟东.协同发展促进港口产业安全与转型—以日本东京湾港口群为例[J].中国国情国力,2013,11.

[55] 王海霞,闫哲彬.我国经济发展阶段性特征及对沿海港口影响的分析[J].水运工程,2011,9.

[56] 谢燮.中国沿海港口格局演化的新趋势[J].中国港口,2012,10.

[57] 唐宋元.国内先进港口城市港城关系发展的经验及对广州的启示[J].港口经济,2012,1.

[58] 真虹.第四代港口的概念及其推行方式[J].交通运输工程学报,2005,12.

[59] 陈羽.名古屋港发展经验分析及对我国港口的启示[J].中国港口,2013,3.

[60] 赵楠.韩国港口发展历程[J].中国港口,2012,4.

[61] 交通运输部政府网站.政府引导港口资源优化配置——访国家发改委交通运输司司长王庆云,2006,10.
http://www.mot.gov.cn/zhuzhan/jiaotongguihua/200709/t20070927_420887.html.

[62] 英国、荷兰、德国、比利时、美国、新加坡、日本、韩国、马来西亚、印度尼西亚、中国台湾、中国香港等地交通运输部门、港务管理部门官方网站.

[63] Regional Plan Association,America 2050[EB/OL].http:www.America2050.org.

[64] Hakata Port TerminalCo.,Ltd. Outline of Hakata Port International Container Ter-

minal[R].June, 2013.

[65] https://www.singaporepsa.com/technology.

[66] http://www.mlit.go.jp/kowan/kowan_tk2_000002.html.

[67] http://www.mlit.go.jp/common/000172351.pdf.

[68] https://www.portoflosangeles.org/maritime/stats.asp.

[69] http://www.mpa.gov.sg/web/portal/home/port-of-singapore/port-statistics.

[70] http://chinese.polb.com/economics/stats/yearly_teus.asp.

[71] http://www.port-of-nagoya.jp/toukei/nen27.htm.

[72] http://www.busanpa.com/kor/Contents.do? mCode=MN1003.

[73] http://www.pka.gov.my/.

[74] http://www.hkmpb.gov.hk/sc/index.html.